María de Lourdes Garza Caligaris
María de Lourdes Romero Sánchez

**MANUAL
DE MATEMÁTICAS
Y GEOMETRÍA**

EJERCICIOS PARA NIÑOS
DE DOS A SEIS AÑOS

IDEAS Y SUGERENCIAS
PARA EDUCADORES Y PADRES

Juegos, juguetes y estímulos creativos

EDUCACIÓN INTEGRAL
POPULAR, A.C.

ENLACE, COMUNICACIÓN
Y CAPACITACIÓN, A.C.

PAX

INVESTIGACIÓN

 Educación Integral Popular, A.C.
Yolanda del Valle Soto, María del Carmen
Álvarez Cordero, † Maribel Seco Maurer,
Ana López Lorenzo, Esperanza Sánchez
de Ríos y María de Lourdes Garza
Caligaris

 **Enlace, Comunicación
y Capacitación, A.C.**
Programa de Educación Infantil
Popular y Comunitaria
María de Lourdes Romero Sánchez

Apoyo financiero: Pueblito (Canadá),
Horizontes de Amistad (Canadá)
y Fundación Bernard van Leer (Holanda)

Cuidado de la edición: *Miguel Ángel Guzmán*
Diseño gráfico, diagramación
e ilustraciones: *Fernando Rodríguez*

Las cuidadosas observaciones que las educadoras fueron haciendo, en los Centros de Educación Integral Popular y en los Centros de Desarrollo Infantil Comunitarios, de las necesidades de los niños y su propia necesidad de responderles satisfactoriamente las colocan como coautoras de este manual.

Agradecemos a María del Carmen Álvarez Cordero su revisión, sus comentarios y aportaciones al contenido y diseño de cada una de las fichas de este manual.

A Tere Maurer, por sus comentarios a la estructura general y al diseño de los ejercicios.

A Cristina Domínguez Ramos, por su disposición para probar los estímulos con los niños del CEIP Capula y sus comentarios sobre la práctica.

A Ana López, Esther Noria, Concepción Arista y Alejandra Muñoz, por su ayuda en la elaboración de los estímulos educativos.

A los niños, por toda la riqueza de su acción.

Índice

INTRODUCCIÓN

Este *Manual de matemáticas y geometría* es producto del trabajo que realizaron conjuntamente Educación Integral Popular, A.C., y Enlace, Comunicación y Capacitación, A.C., sobre la investigación y la práctica del Sistema de Educación Integral Popular (SEIP), como se desempeña actualmente en los centros populares de educación preescolar.

Educación Integral Popular, A.C., ha desarrollado, desde 1973, diversas prácticas e investigaciones educativas con niños y niñas de cero a seis años —y sus educadoras— en medios rurales y suburbanos de nuestro país. Uno de los resultados de éstas son los manuales de estímulos educativos que se publican en esta serie.

Enlace, Comunicación y Capacitación, A.C., desde 1982 ha participado comprometidamente en la dinámica de transformación social, a través del programa de Educación Infantil Popular y Comunitaria, apoyando el proceso de formación de las educadoras, los padres y los niños de distintas organizaciones sociales.

Para la elaboración de este manual, al igual que para los anteriores de esta serie, se han recogido y sistematizado las experiencias que niños, niñas y educadoras han tenido en sus propios centros, a partir de la capacitación que han recibido en el Sistema de Educación Integral Popular.

El trabajo se ha construido mediante la práctica educativa y la reflexión permanente sobre ésta, sustentada por una orientación pedagógica que recibe la influencia de educadores, psicólogos y epistemólogos relevantes de este siglo, y que han aportado una riqueza sustancial al quehacer educativo, entre otros: Paulo Freire, en la educación popular; Jean Piaget y la línea cognoscitivista, en el desarrollo del conocimiento en el niño pequeño; María Montessori, en la educación activa.

Algunos de los principios que hemos considerado de valor para incorporar en nuestra práctica educativa son:

• Hay periodos o momentos privilegiados en el desarrollo del niño en que éste hace suyo algún aspecto de la realidad con más facilidad y consistencia que en otros.

• Debe respetarse el ritmo que cada niño tiene en su crecimiento, desarrollo y maduración.

• La observación constante del niño es indispensable para que la educadora pueda responder a sus necesidades e intereses.

• Los estímulos al alcance de los niños favorecen el libre uso de los mismos.

• El error aparente tiene un valor para el desarrollo del conocimiento; el niño puede por sí mismo darse cuenta de él y convertirlo en factor de aprendizaje.

• El conocimiento es una construcción propia del niño; es consecuencia de la apropiación que hace de su mundo al entrar en interacción con él.

• La confrontación o insistencia permanentes de la educadora para que el niño piense, sienta, se pregunte y tome conciencia acerca de lo que hace, lo que ve y lo que dice es esencial para ayudarlo a llegar a un nivel más alto de conocimiento del que ya posee.

• En toda actividad del niño es más importante el proceso que el resultado.

• Se maneja explícitamente la cuestión de género. Niños y niñas realizan las mismas actividades; disfrutan unos y otras de bordar, planchar, rodar llantas, clavar, lavar los trastes, empujar carritos, preparar la comida.

Queremos hacer notar que en este manual nos referimos a los niños y a las niñas, a las educadoras y a los educadores. Sin embargo, en el texto no siempre aparecen ambos términos. Generalmente hablamos de la educadora y no del educador porque somos más mujeres que hombres las involucra-das en la educación de los niños y niñas pe-queños. A veces nos referimos explícitamente a los niños y a las niñas; pero en otras ocasiones, por motivo de agilizar la lectura, decimos *niños*, pero entendemos que son *niños y niñas*.

LAS MATEMÁTICAS Y LA GEOMETRÍA

Los niños en edad preescolar generalmente muestran mucho interés en algunas actividades relacionadas con las matemáticas y la geometría, por ejemplo, les encanta contar, agrupar, comparar, medir. Todo esto lo realizan de manera cotidiana y natural; es decir, aunque nadie se los *enseñe*. Esto se debe a que las matemáticas y la geometría están presentes en casi todos los aspectos de nuestra vida diaria. Por ejemplo, contamos el número de niños que asistió al salón, compramos un kilo de limones o un metro de listón, ponemos un plato para cada persona que va a comer, hacemos cálculos mentales aproximados para saber si nos alcanza el dinero para las compras, medimos las áreas y los perímetros de nuestros espacios cotidianos para ver si caben los muebles o si hay espacio para jugar, comparamos las distancias entre las cuales nos desplazamos, repartimos la comida, en fin, casi a toda hora nos enfrentamos con problemas que solucionamos con herramientas matemáticas.

Es por esto que resulta muy fácil abordar el área de matemáticas y geometría en la educación preescolar.

Sin embargo, vamos a precisar cómo pensamos que conviene ayudar al niño a desarrollar su pensamiento matemático partiendo del objetivo principal que tiene para nosotros la educación, y que es el de *desarrollar la autonomía del niño*, que se expresa en todos los planos: en el intelectual, como independencia en el pensamiento; en el plano emocional, como posibilidad de expresar libremente sus sentimientos; y en el plano social, como el fortalecimiento de su propio punto de vista frente a los demás.

En el proceso de conocimiento del niño preescolar, los sentidos —el gusto, el tacto, el olfato, el oído, la vista— tienen una gran importancia, ya que es a través de ellos que recibe la información del medio ambiente, lo cual le permitirá construir, por sí mismo, su propia idea de las cosas que lo rodean.

A través de los sentidos, de la observación, de la manipulación, obtiene el *conocimiento físico*, es decir, el conocimiento de las características de los objetos, como son el peso, el color, la forma, la textura, el tamaño, etcétera. De la relación y la comparación que haga el niño en su mente de estas características físicas que observa construirá el *conocimiento lógico-matemático*. Por ejemplo, el niño puede observar dos bloques de madera de distinto color y sabrá que uno es rojo y el otro verde porque el color está en los objetos mismos —éste es un *conocimiento físico*—; sin embargo, sólo podrá decir que son diferentes en cuanto al color cuando los compara, cuando hace una *relación* que no está en los objetos mismos sino en su mente —éste es un *conocimiento lógico-matemático*. De igual manera, podrá decir que son "dos" únicamente si los pone en relación, si los agrupa. El número no está en ninguno de los objetos, es una relación creada en la mente.

Como vemos, la fuente del conocimiento

físico es externa al niño y la fuente del conocimiento lógico-matemático es interna, pues el origen es el propio niño.

El número es un conocimiento lógico-matemático, ya que implica *la relación* o la comparación entre objetos y por lo tanto no puede ser enseñado, sino que el mismo niño tiene que construirlo a través de las relaciones que él mismo establezca entre los objetos. Por ejemplo, si hay tres objetos, se puede ver en ellos sus características físicas, su color, tamaño, textura, forma, etcétera. Sin embargo, el número de objetos —tres— es una relación creada en la mente del sujeto al juntarlos, al *ponerlos en relación* unos con otros.

Esto nos lleva, en nuestro trabajo diario, a favorecer que en el ambiente educativo el niño tenga las mayores posibilidades para *establecer todo tipo de relaciones* con toda clase de materiales, objetos, acontecimientos y acciones.

Para la construcción de la noción de número se requiere un proceso largo; generalmente se logra hacia el fin de la etapa preescolar.

En este proceso, el niño podrá construir la noción de número mediante *la relación de orden, la inclusión jerárquica* y *la conservación.*

La relación de orden significa ordenar mentalmente los objetos que se van a contar, de manera que se cuente cada uno una sola vez y que no falte ninguno en la cuenta. Un niño pequeño no siente esta necesidad lógica y puede saltarse algunos o contarlos más de una vez. Por ejemplo, si le damos una colección de ocho objetos, puede decir correctamente la serie de números, sin que necesariamente cada palabra corresponda a cada objeto; así, podría decir que son siete o diez o doce. Un poco más adelante, los pondrá en orden estricto y le asignará un número a cada objeto.

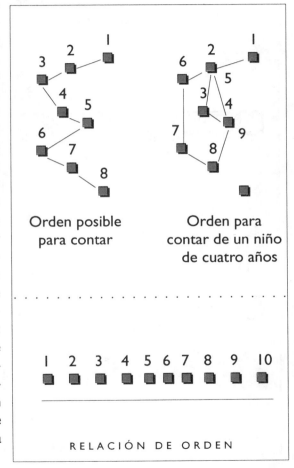

Orden posible para contar

Orden para contar de un niño de cuatro años

RELACIÓN DE ORDEN

La inclusión jerárquica significa considerar a cada objeto dentro de un grupo y no a cada uno por separado. Por ejemplo, después de contar una serie de ocho elementos, podemos pedirle al niño que nos enseñe los ocho; generalmente señala el último objeto, el octavo. En este momento de su desarrollo no está considerando los objetos como parte de un grupo, sino como elementos individuales a los que les da un nombre, "uno, dos, tres…", así que el "ocho" es sólo uno de los elementos.

Más adelante, al pedirle que nos enseñe los ocho, mostrará todos los objetos, porque ya los está considerando como un grupo.

La conservación significa considerar que una cantidad permanece igual a pesar de que se cambie la colocación espacial de los objetos. Este concepto es muy difícil para los niños pequeños, ya que su pensamiento está dominado por lo que percibe a través de sus sentidos. Por ejemplo, si se hacen dos series con el mismo número de elementos, colocados de forma idéntica, el niño puede

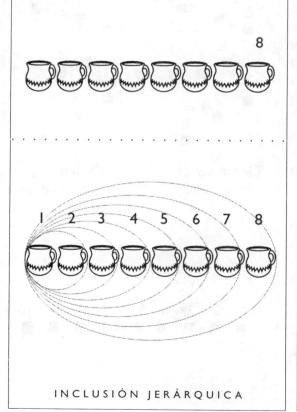

INCLUSIÓN JERÁRQUICA

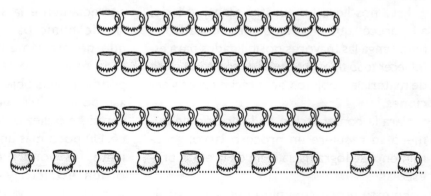

CONSERVACIÓN

contarlos y decir que hay la misma cantidad en cada serie. Si modificamos la colocación de una de las series, el niño dirá que ya no es la misma cantidad, sino que hay más en la serie que ocupe más espacio. Incluso puede contar nuevamente los elementos de cada serie y aún así seguir afirmando que la fila más larga tiene más, aunque sean 10 en una y 10 en la otra. Más adelante podrá decir que tienen la misma cantidad, aunque una serie ocupe más espacio, porque se da cuenta de que en una de las series el espacio entre cada objeto es más grande.

LOS ESTÍMULOS EDUCATIVOS

Encontrarás en este manual una serie de ejercicios que podrás utilizar para tu trabajo con los niños en los distintos momentos del día. Toma en cuenta que es solamente una propuesta de la cual puedes partir, pero que lo más importante es la acción mental del niño al manipular los materiales del mundo que lo rodea.

Los 61 estímulos educativos que te presentamos los hemos dividido en ocho grupos:

- EJERCICIOS INTRODUCTORIOS: para comparar objetos y cantidades, para ordenar y observar cómo se transforman algunos materiales con la manipulación.
- LÓGICA: para seriar, clasificar, ordenar, comparar y seguir secuencias.
- CONTEO: para aprender la serie de números, primero del 1 al 10 y después hasta el 100 o más, y para asociar la cantidad al numeral.
- SISTEMA DECIMAL: para agrupar los números en las categorías del sistema decimal: unidades, decenas, cientos y miles.
- OPERACIONES BÁSICAS: para juntar —o sumar— y quitar —o restar.
- MEDIDA: para medir distancias, tamaños o pesos con referencia al propio cuerpo o para medir el tiempo con referencia a las actividades cotidianas.
- GEOMETRÍA: para conocer, nombrar y dibujar las formas, y reconocerlas en los objetos de uso cotidiano.
- EJERCICIOS COMPLEMENTARIOS: para escribir los numerales, primero del 1 al 10 y después hasta el 100 o más.

El orden en el que se presentan los estímulos no corresponde necesariamente a la

Los estímulos educativos son una propuesta, pero lo más importante es la acción mental del niño al manipular los materiales del mundo que lo rodea

Todos los momentos que se presentan en la vida cotidiana se pueden aprovechar para apoyar el desarrollo del pensamiento y el lenguaje matemáticos

dificultad o al orden en el que se pueden utilizar con los niños. En cada una de las fichas se presenta el "Momento para dar el estímulo"; allí se menciona cuáles son las habilidades que se requieren para aprovechar mejor el estímulo.

No es necesario que tengas todos los estímulos que aquí te proponemos; puedes seleccionar de cada grupo los que te parezca cubran mejor las necesidades y los intereses de los niños con los que trabajas. Complementa estos ejercicios con otras actividades cotidianas en las que los niños tengan oportunidad de desarrollar el pensamiento y el lenguaje matemáticos. Más adelante te sugerimos algunas.

Algunos ejercicios se han descrito para usarse de manera individual, otros para equipos pequeños y otros más para grupo. En todos ellos se describen con cuidado los materiales que se requieren, la manera de elaborarlos, la técnica y algunas posibles variaciones. Sin embargo, después de estudiarlos y de ponerlos en práctica, seguramente querrás introducir cambios, utilizarlos de distinta manera, probar nuevas posibilidades, inventar otros estímulos. Hazlo siempre pensando en los niños, en sus habilidades, sus gustos y partiendo de lo que has observado en ellos, de sus propios descubrimientos y sus intereses.

Aprovecha todos los momentos que se presentan en la vida cotidiana para apoyar el desarrollo del pensamiento y el lenguaje matemáticos. Por ejemplo, casi cualquier actividad permite la cuantificación de un modo natural: cuántos niños vinieron hoy, cuántos faltaron, cuántos platos vas a poner en la mesa, cuántas galletas le tocan a cada uno, etcétera. Los cuantificadores como: *suficientes, tantos como, más que, menos que, igual que, todo, nada*, pueden usarse también durante el desarrollo de las actividades diarias.

El sentido de las operaciones básicas —la suma, la resta, la división— se puede adquirir también en los juegos y actividades que realizamos todos los días, por ejemplo: *juntar* toda la fruta que trajimos para ver cuánta es, *quitar* las naranjas para preparar el jugo, *repartir* los dulces para que a todos les toque igual, etcétera.

Aprovecha los juegos, las rimas, los cantos tradicionales, que tanto les gustan a los niños, para que memoricen la serie del 1 al 10, para que busquen pares, formen conjuntos, encuentren semejanzas o diferencias.

Puedes favorecer la exploración y el conocimiento del espacio mediante el trabajo en tapetes y un ambiente que propicie el movimiento libre del niño.

Existen tantas situaciones de aprendizaje de las matemáticas y la geometría como nuestro ingenio y creatividad lo permitan. Recuerda siempre tomar en cuenta que lo más importante en la educación es *fortalecer la autonomía de los niños* y su punto de vista para tomar decisiones.

TÉCNICAS PARA EL TRABAJO CON LOS NIÑOS

Las técnicas son las formas que la educadora utiliza para poner al niño en contacto con los estímulos.

LA CONFRONTACIÓN. Es la forma habitual de acercamiento al niño, que se aplica en todas las ocasiones, con todos los estímulos, actividades y materiales. Se trata de preguntarle al niño sobre lo que hace o dice, para que reflexione sobre ello, para impulsarlo a comparar, a ordenar, a descubrir *algo más* a partir de lo que ya conoce.

Se le pueden hacer preguntas como: "¿Por qué lo hiciste de esta manera?", "¿de qué otra forma puedes hacerlo?", "¿en qué son iguales?", "¿en qué son diferentes?", "¿como cuántos crees que hay aquí?", "¿dónde hay más?" o cualquier otra pregunta que lo ayude a reflexionar más profundamente sobre su trabajo, la manera como lo realizó, el sentido del mismo y su propio sentimiento con respecto a él.

Es también muy importante motivar a los niños para que trabajen en equipo y resuelvan sus dudas entre ellos, ya que el conocimiento, no es sólo fruto de la acción individual, sino que requiere el enriquecimiento por parte de otros. Por otra parte, de esta manera estaremos reforzando la construcción de su autonomía, al no imponer el punto de vista del adulto.

LA PRESENTACIÓN. Consiste en realizar el ejercicio delante de un niño o grupo, mostrando el modo de trabajar con el estímulo. Este modelaje tiene sentido únicamente como punto de partida para que el niño encuentre después su propia manera de hacerlo.

LA SUGERENCIA. Es una invitación que la educadora hace al niño para que haga uso del estímulo o realice una acción, sin indicarle cómo hacerla.

LA ACCIÓN DIRIGIDA. Consiste en indicar verbalmente al niño, paso a paso, las acciones que se tienen que realizar en la ejecución de la actividad, sin que la educadora las realice. Esta técnica, además de ponerlo en contacto con el estímulo, lo ayuda a seguir órdenes, primero muy simples y luego más complejas. Básicamente se usa en actividades y juegos que tienen reglas preestablecidas.

EL JUEGO DEL NOMBRE. No es propiamente una técnica, sino un juego para ayudar al niño a memorizar nombres de objetos o sus cualidades, como colores, formas o tamaños. En matemáticas lo usamos para aprender los nombres de los numerales, los colores, los tamaños, las formas, los nombres de las categorías del sistema decimal, etcétera. Puedes hacerlo así:

• Se ponen dos objetos sobre el tapete, por ejemplo, una unidad y una decena de "El Banco".

• La educadora toma la unidad y dice: "Unidad", e invita al niño a repetir el nombre.

• Toma la decena y dice: "Decena", e invita al niño a repetir el nombre.

• La educadora pide al niño que coloque la unidad o la decena en distintos lugares: "Pon aquí la decena, acá la unidad", "pon la decena en tu mano", "pon la decena en el tapete", etcétera.

• La educadora toma la unidad y pregunta: "¿Cómo se llama?"; después toma la decena y pregunta: "¿Cómo se llama?"

Más adelante puede aprenderse otros nombres, por ejemplo, el ciento y el mil, comparándolos con un elemento ya conocido e introduciendo sólo uno nuevo cada vez.

SUGERENCIAS PARA LA ORGANIZACIÓN Y ELABORACIÓN DE LOS ESTÍMULOS

Los estímulos se colocan en el salón, en la forma que cada educadora considere conveniente, según el espacio y mobiliario de que disponga; pero siempre en el mismo sitio, a la vista y al alcance de los niños. Si hay algunos materiales que no se van a utilizar durante el día, pueden guardarse en un lugar que esté fuera de su alcance. Los materiales que pueden ser peligrosos, como las tijeras, agujas o cuchillos, pueden estar en una caja o charola cerca del lugar de la educadora, para controlar y vigilar su uso.

Los lugares donde puede trabajar el niño dependerán también del mobiliario y espacio de que se disponga, pero es necesario considerar un lugar para el trabajo individual y de equipo, como tapetes, mesas, cajas, y otro para el juego (patio, jardín, campo); los ejercicios de grupo pueden hacerse en cualquiera de éstos.

Un ambiente educativo agradable puede lograrse sin necesidad de disponer de abundantes recursos; lo importante es aprovechar lo que ya se tenga o lo que pueda conseguirse fácilmente, pero son necesarias la creatividad y el interés de las educadoras.

Es conveniente, tanto para el desarrollo del niño, como para ahorrar espacio y recursos económicos, utilizar un mayor número de tapetes que de mesas y sillas. De esta manera el niño tiene una mayor libertad de movimiento, una mayor conciencia de su cuerpo y logra una mejor concentración en la actividad que realiza. También se favorece el trabajo en equipo y el intercambio de ideas y experiencias entre los niños. Como una ganancia adicional, el tapete puede enrollarse y prácticamente no ocupa espacio, por lo que se podrán tener áreas más libres para otras actividades, como el juego o el trabajo de grupo.

Para la creación de nuevos estímulos, conviene tomar en cuenta los siguientes criterios:

• Que el estímulo tenga un solo punto de interés sobresaliente. Por ejemplo, en el ejercicio de "Botes de palitos", el conteo; en el de "Dimensiones", los tamaños; en el de "El cajero", el cambio de una categoría a otra, etcétera.

• Que el punto de interés esté en relación

El trabajo en el tapete favorece una mayor libertad de movimiento, una mayor conciencia de su cuerpo y una mejor concentración en la actividad que realiza

con el objetivo del estímulo.
  • Que sea adecuado al momento de desarrollo del niño que lo va a utilizar.
  • Que sea higiénico y seguro.
  • Que sea atractivo.
  • Que sea fácilmente manipulable.
  • Que sea económico.
  • Que sea durable o fácilmente sustituible.

DEFINICIONES Y ESPECIFICACIONES

Las fichas que contiene este manual incluyen términos relacionados con las características, habilidades, técnicas y materiales que conviene precisar.

TRABAJO INDIVIDUAL: Es la acción que realiza un solo niño.

TRABAJO DE EQUIPO: Es la acción realizada por dos, tres o cuatro niños con un mismo material.

TRABAJO DE GRUPO: Es la acción de varios niños que buscan un resultado común. Puede realizarse con el grupo completo o con subgrupos del mismo.

ESTÍMULO O EJERCICIO: Se entiende por estímulo el objeto o actividad diseñados para propiciar la acción inteligente del niño. Sólo cuando existe una relación entre ambos puede hablarse propiamente de estímulo.

OTROS EJERCICIOS: Son las actividades que se realizan con el mismo material pero que tienen objetivos distintos.

VARIACIÓN: Es un cambio en alguno o algunos elementos del ejercicio que, teniendo básicamente el mismo objetivo, representa un nuevo punto de interés o un mayor grado de dificultad en su ejecución.

CHAROLA: Contiene todos los elementos del mismo ejercicio. En general es plana y con poco borde. Se pueden utilizar como charolas las tapas de latas, de cajas, de frascos, latas de sardinas, canastas, etcétera.

RECIPIENTE: Contiene alguno de los materiales para la realización del ejercicio. Por lo general es profundo y estrecho. Se pueden utilizar como recipientes latas, frascos, cajas, jarros, canastas, etcétera.

TAPETE: Limita el espacio de trabajo sobre el piso. Puede ser de distintos tamaños y materiales (plástico, tela, fibras naturales o sintéticas), según las necesidades y posibilidades de cada grupo. Los tapetes se utilizan durante el trabajo individual y de equipo.

Para la elaboración de los estímulos, se requieren diversas herramientas y utensilios, que hemos agrupado en cuatro equipos de trabajo.

• Equipo de trabajo general: lápices, sacapuntas, reglas, tijeras, lápices de colores, crayones, plumones, plantillas de distintos tamaños para el trazo de numerales, pegamento, *cutter* o cuchilla.
• Equipo de trabajo de pintura: pinturas de aceite, barniz transparente para madera, brochas de uno, dos y tres centímetros, pinceles, thíner, estopa, palitos.
• Equipo de trabajo de carpintería: taladro, brocas, martillo, serrote, pinzas de corte, clavos, taquetes, armellas, alcayatas.
• Equipo de trabajo de costura: hilos, agujas, retazos de telas, estambre, botones.

BIBLIOGRAFÍA

ÁLVAREZ CORDERO, María del Carmen, álbumes sobre el área de matemáticas en el sistema de educación Montessori, mimeografiado, México, 1974.

BARATTA-LORTON, Mary, *Workjobs / Activity-Centered Learning for Early Childhood Education*, material fotocopiado, sin fecha.

BOTHERMANS, Jack, *et al.*, *El libro de los juegos*, Plaza y Janés Editores, Barcelona, 1989.

CONAFE, *Cómo aprendemos matemáticas*, serie "Guías de Orientación y Trabajo", núm. 6, Consejo Nacional de Fomento Educativo (Conafe), México, 1987.

_____, *Fichas de trabajo para preescolar*, Consejo Nacional de Fomento Educativo (Conafe), México, sin fecha.

EDUCACIÓN INTEGRAL POPULAR, A.C., *Juegos, juguetes y estímulos creativos / Manual de expresión artística*, núm. 4, Educación Integral Popular, México, 1989.

FUENLABRADA, Irma, *et al.*, *Juega y aprende matemáticas*, Secretaría de Educación Pública, Libros del Rincón, México, 1991.

_____, *Los números y su representación*, Secretaría de Educación Pública, Libros del Rincón, México, 1991.

GINSBURG, Herbert, y Silvia Opper, *Piaget y la teoría del desarrollo intelectual*, Prentice-Hall Hispanoamericana, México, 1977.

VARGAS VARGAS, Laura, y Graciela Bustillos de Núñez, *Técnicas participativas para la educación popular*, Centro de Estudios y Publicaciones Alforja, Programa Coordinado de Educación Popular, tomo I, San José, 1984.

KAMII, Constance, *El número en la educación preescolar*, Visor, Madrid, 1992.

_____, y Rheta Devries, *El conocimiento físico en la educación preescolar / Implicaciones de la teoría de Piaget*, Siglo XXI de España Editores, Madrid, 1987.

MIRA, María Rosa, *Matemática viva en el parvulario*, Ediciones CEAC, Barcelona, 1989.

OTRAS FUENTES

EDUCACIÓN INTEGRAL POPULAR, A.C., documentos internos sobre la investigación del área de matemáticas correspondientes a los años de 1975 a 1993.

_____, "Fundamentación del área de matemáticas", mimeografiado, México, 1993.

PANCALDI, Julieta, Seminario-Taller "Elaboración y aplicación de recursos para desarrollar las aptitudes psicolingüísticas del educando", Instituto de Psicología Aplicada a la Rehabilitación Educativa, 1987.

Rompecabezas

El niño o niña arma rompecabezas
de pocas piezas.

OBJETIVO
Dar al niño o niña la oportunidad
de ver el todo a través de sus partes.

MOMENTO PARA DAR EL ESTÍMULO
Desde muy pequeño.

MATERIALES
- Una ilustración grande de un objeto, animal, persona,
  paisaje, que los niños identifiquen fácilmente.
- Cartón grueso del mismo tamaño que la ilustración.
- Un recipiente mediano.
- Equipo de trabajo general y de pintura.

**Si no tienes estos materiales, puedes
buscar otros que cumplan la misma función.**

PARTICIPANTES
Uno

TÉCNICA
SUGERENCIA
• La educadora invita al niño a hacer uso libre del material.

ELABORACIÓN
• Se pega la ilustración sobre el cartón.
• Se trazan por el reverso las líneas de corte deseadas —no más de cinco—, fijándose que éstas corten los motivos de la ilustración en partes que se puedan identificar.
• Se corta la ilustración siguiendo las líneas marcadas.
• Se barnizan las piezas.

• Se decora el recipiente.
• Se colocan las piezas dentro del recipiente.

VARIACIONES DEL MATERIAL
Se pueden trazar las líneas de manera que corten la ilustración en partes que sean más difíciles de identificar.

También se puede recortar una ilustración por su contorno y después hacer con ella un rompecabezas. Cuando los niños han desarrollado mayor habilidad, se pueden adquirir rompecabezas de un mayor número de piezas.

Idea obtenida de juego tradicional.

El objeto escondido

Los niños y niñas juegan a adivinar cuál es el objeto escondido.

OBJETIVO

Dar a los niños y niñas la oportunidad de descubrir el todo a través de sus partes.

MOMENTO PARA DAR EL ESTÍMULO

Desde muy pequeños.

MATERIALES

• Algunos objetos del salón.
• Una canasta.
• Un trozo de tela.

Si no tienes estos materiales, puedes buscar otros que cumplan la misma función.

PARTICIPANTES
Ocho a veinte

TÉCNICA
ACCIÓN DIRIGIDA
- La educadora indica a los niños los pasos de la actividad:
- Se sientan en círculo.
- La educadora presenta al grupo un objeto escondido dentro de una canasta, que se encuentra tapada con un trozo de tela.
- Levanta ligeramente la tela, mostrando una pequeña parte del objeto, y pregunta: "¿Cuál es el objeto escondido?"
- Los niños tratan de adivinar; si no lo logran, se levanta la tela un poco más, mostrando una parte mayor del objeto.
- El juego puede repetirse varias veces, mostrando cada vez objetos diferentes.

Idea obtenida de Conafe.

El muñeco y su ropa

El niño o niña juega a vestir y desvestir al muñeco.

OBJETIVO

Dar al niño o niña la oportunidad de encontrar un orden adecuado para vestir al muñeco.

MOMENTO PARA DAR EL ESTÍMULO

Desde muy pequeño.

MATERIALES

- Muñeco de tela (ver anexos, p. 146).
- Varias prendas de vestir a la medida del muñeco, como pantalón, camisa, calcetines, zapatos, pañal, camiseta, vestido, suéter, cobija, etcétera.
- Una charola grande.
- Equipo de trabajo de pintura.

Si no tienes estos materiales, puedes buscar otros que cumplan la misma función.

PARTICIPANTES
Uno

TÉCNICA
SUGERENCIA
• La educadora invita al niño a hacer uso libre del material.
• Si es necesario, le puede mostrar la forma de abrochar y desabrochar las prendas de vestir mediante la técnica de presentación.

ELABORACIÓN
• Se decora la charola.
• Se pone la ropa dentro de la charola.

Creación de SEIP

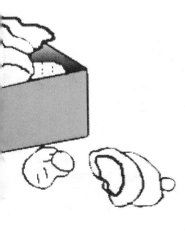
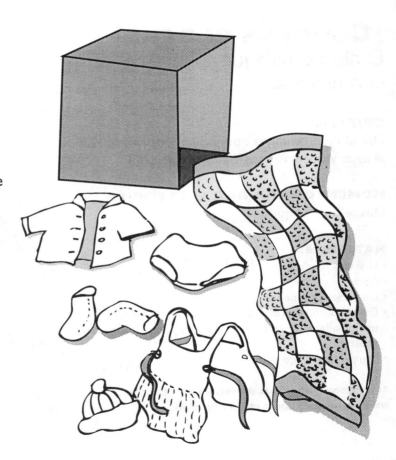

¿Cómo es el agua?

El niño o niña juega libremente con el agua.

OBJETIVO

Dar al niño o niña la oportunidad de manipular el agua y observar sus transformaciones.

MOMENTO PARA DAR EL ESTÍMULO

Desde muy pequeño.

MATERIALES

- Una tina mediana.
- Agua.
- Un recipiente mediano.
- Diversos objetos, tales como un bote pequeño, una coladera, un embudo, una esponja, una piedra, etcétera.
- Equipo de trabajo de pintura.

Si no tienes estos materiales, puedes buscar otros que cumplan la misma función.

PARTICIPANTES
Uno

TÉCNICA
SUGERENCIA
• La educadora invita al niño a hacer uso libre de este material.
• Mientras juega con el agua le dice: "¿Cabrá toda el agua de este recipiente en el recipiente pequeño?", "¿qué pasará con la piedra si la dejas caer en el agua?" y "¿qué pasará con la esponja?", o cualquier otra pregunta que lo haga reflexionar acerca de las características físicas que puede apreciar.

VARIACIONES DE LA TÉCNICA
También se pueden tener varias botellas transparentes de diferentes tamaños y capacidades, para que experimente pasando el mismo volumen de un recipiente a otro y compruebe que sigue siendo el mismo, a pesar del cambio de apariencia física.

ELABORACIÓN
• Se decoran la tina y el recipiente mediano.
• Se ponen dentro del recipiente los objetos (bote, coladera, embudo, piedra, esponja).
• Se llena de agua la tina hasta la mitad.

VARIACIONES DEL MATERIAL
Se pueden colocar varias botellas transparentes de diferentes tamaños y capacidades.

La tina se puede empotrar en una mesa pequeña o ponerse sobre una base metálica para macetas, de manera que el niño juegue estando de pie o hincado.

Idea obtenida del Sistema Montessori.

Plastilina

El niño o niña moldea figuras con la plastilina.

OBJETIVO

Dar al niño o niña la oportunidad de observar las transformaciones del material al manipularlo.

MOMENTO PARA DAR EL ESTÍMULO

Desde muy pequeño.

MATERIALES

- Plastilina de color.
- Un recipiente mediano.
- Un protector de plástico.
- Equipo de trabajo de pintura.

Si no tienes estos materiales, puedes buscar otros que cumplan la misma función.

PARTICIPANTES
Uno

TÉCNICA
SUGERENCIA
• La educadora invita al niño a hacer uso libre del material.
• Mientras juega con la plastilina, le puede pedir que modele figuras alargadas y luego otras cortas, utilizando la misma cantidad de plastilina. Se le puede preguntar si en todas las figuras hay la misma cantidad de plastilina o si en alguna hay más y por qué.

ELABORACIÓN
• Se decora el recipiente.
• Se coloca la plastilina dentro del recipiente.

VARIACIONES DEL MATERIAL
También se puede utilizar barro o masa preparada con harina de trigo.

Idea obtenida de jardín de niños tradicional.

Cantidades iguales

Los niños y niñas juegan a poner
la misma cantidad sobre un tablero.

OBJETIVO

Dar a los niños y niñas la oportunidad de descubrir
que el tamaño y la forma de un conjunto no van en
relación con la cantidad de sus elementos.

MOMENTO PARA DAR EL ESTÍMULO

Desde muy pequeños.

MATERIALES

- Cartón grueso, de 25 x 30 cm, aproximadamente.
- 20 semillas, 10 de una clase y 10 de otra; por ejemplo, habas y lentejas o frijoles y arroz, etcétera.
- Una charola pequeña.
- Equipo de trabajo general y de pintura.

**Si no tienes estos materiales, puedes buscar
otros que cumplan la misma función.**

PARTICIPANTES
Dos

TÉCNICA
ACCIÓN DIRIGIDA
- La educadora indica a los niños los pasos de la actividad:
- Llevan el material al tapete.
- Cada uno elige y toma una clase de semillas.
- Uno de los niños comienza el juego poniendo sus semillas sobre uno de los lados del tablero, acomodándolas como él quiera.
- El segundo jugador "pone igual". Puede ir contando las semillas al colocarlas, hacerlas corresponder de una a una o colocarlas como desee.
- Cuando han terminado de acomodar los dos conjuntos, se les puede preguntar: "¿son iguales las dos cantidades?", "¿dónde hay más?", "¿por qué"?, o cualquier otra pregunta que los ayude a caer en la cuenta de que el arreglo físico del conjunto no altera la cantidad de elementos que contiene.

ELABORACIÓN
- Se marca el cartón por la mitad a lo ancho.
- Se pinta cada mitad de un color distinto.
- Se decora el recipiente.
- Se colocan las semillas dentro del recipiente y éste sobre el tablero.

Creación de SEIP.

Los pajaritos

Los niños y niñas, formados en dos filas, comparan la cantidad que hay en una y otra.

OBJETIVO

Dar a los niños y niñas la oportunidad de comparar cantidades haciendo *correspondencia uno a uno*.

MOMENTO PARA DAR EL ESTÍMULO

Cuando ya han realizado otros ejercicios de correspondencia y conservación, como "Plastilina", Mg. 05; y "Cantidades iguales", Mg. 06.

PARTICIPANTES
Quince a veinte

TÉCNICA
ACCIÓN DIRIGIDA
- La educadora indica a los niños los pasos de la actividad:
- Se separan en dos grupos, por ejemplo, los que usen zapatos y los que usen tenis; o los que tengan cabello largo y los que lo tengan corto; o los que usen suéter y los que no, etcétera.
- Cada grupo forma una fila y se colocan frente a frente, dejando un espacio libre entre ambas filas.
- La educadora pregunta a los niños

si las dos filas son iguales o en cuál de las dos hay más niños.
Según la respuesta que hayan dado, pregunta cómo se puede hacer para comprobarla.
- Se van ensayando las propuestas de los niños, hasta comprobar si las filas son o no iguales.
- Se igualan las filas.
- Se pide a los niños que sobran de alguna fila que pasen, "volando como pajaritos", en

medio de las dos filas, para comprobar si son o no iguales.

VARIACIONES DE LA TÉCNICA
La educadora puede pedir a los niños de una fila que se acerquen mucho entre ellos y a los de la otra fila

que se separen un poco, y después comprueban si siguen siendo iguales.
También unos se pueden sentar y otros permanecer parados o unos formar un círculo y otros una línea; cada vez se comprueba si siguen siendo iguales las dos filas.

Idea obtenida de Conafe.

¿En qué se parecen?

Los niños y niñas juegan a encontrar semejanzas entre los objetos que nombra la educadora.

OBJETIVO

Dar a los niños y niñas la oportunidad de comparar mentalmente objetos diversos, encontrando semejanzas entre ellos.

MOMENTO PARA DAR EL ESTÍMULO

Desde muy pequeños.

PARTICIPANTES
Ocho a veinte

TÉCNICA
ACCIÓN DIRIGIDA
• La educadora indica a los niños los pasos de la actividad:
• Se sientan todos en círculo.
• La educadora nombra dos objetos y pregunta en qué se parecen; por ejemplo, "¿en qué se parecen un perro y un gato?" o, "¿en qué se parecen una chamarra y un rebozo?" o, "¿en qué se parecen una bici y una moto?", etcétera.
• Los niños van diciendo en qué se parecen; la educadora les da la oportunidad a todos los que deseen hablar, estimulando que haya respuestas distintas.

VARIACIONES DE LA TÉCNICA
Más adelante también se pueden encontrar diferencias entre los objetos nombrados.

Idea obtenida de Conafe.

¿En qué son diferentes un rebozo y un suéter?

Tablero de siluetas

El niño o niña acomoda objetos sobre un tablero marcado con las siluetas de los mismos.

OBJETIVO

Dar al niño o niña la oportunidad de identificar un objeto a partir de su silueta dibujada en dos dimensiones.

MOMENTO PARA DAR EL ESTÍMULO

Desde muy pequeño.

MATERIALES:

- Cartón grueso de 20 x 30 cm, aproximadamente.
- 12 a 15 objetos pequeños.
- Un recipiente mediano.
- Equipo de trabajo general y de pintura.

Si no tienes estos materiales, puedes buscar otros que cumplan la misma función.

PARTICIPANTES
Uno

TÉCNICA
ACCIÓN DIRIGIDA
- La educadora indica al niño los pasos de la actividad:
- Llevan el material al tapete.
- Se sacan los objetos, uno a uno, y se van colocando en el tablero sobre la silueta correspondiente.

ELABORACIÓN
- Se marca el contorno de los objetos sobre el tablero, utilizando un plumón negro de punto mediano.
- Se barniza el tablero.
- Se decora el recipiente.
- Se colocan los objetos dentro del recipiente y éste sobre el tablero.

VARIACIONES DEL MATERIAL
Se puede marcar sobre el tablero sólo una parte del contorno de los objetos, para darle un mayor grado de dificultad. También se pueden elegir colecciones de objetos de la misma clase, por ejemplo, llaves de distintas formas y tamaños o botones, semillas, etcétera.

Creación de SEIP.

Semillas
El niño o niña agrupa semillas.

OBJETIVO
Dar al niño o niña la oportunidad de clasificar semillas de acuerdo a sus características físicas.

MOMENTO PARA DAR EL ESTÍMULO
Desde muy pequeño.

MATERIALES
- Una charola grande.
- Cartón grueso de 30 x 3 cm, aproximadamente.
- 55 semillas de 10 clases distintas: una de una clase, dos de otra clase, tres de otra clase, etcétera.
- Un recipiente mediano.

Si no tienes estos materiales, puedes buscar otros que cumplan la misma función.

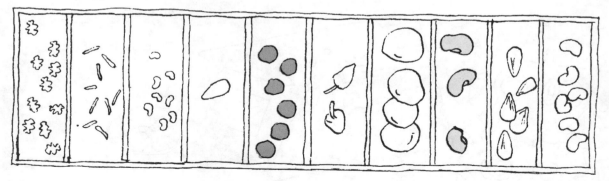

PARTICIPANTES
Uno

TÉCNICA
ACCIÓN DIRIGIDA
- La educadora indica al niño los pasos de la actividad:
- Llevan el material al tapete.
- Acomoda las semillas en cualquiera de los espacios disponibles, agrupando las que van juntas, de acuerdo con su propio criterio.

VARIACIONES DE LA TÉCNICA
Si el niño lo descubre por sí mismo, también puede acomodarlas atendiendo a la cantidad de semillas que haya de cada clase; es decir, una en el primer espacio, dos en el segundo y así sucesivamente.

ELABORACIÓN
- Se divide la charola en diez partes iguales, utilizando el cartón.
- Se decoran el recipiente y la charola.
- Se colocan las semillas dentro del recipiente.

Creación de Lourdes Romero.

3 cm

Semejantes y diferentes

El niño o niña reúne los objetos
en grupos, según sus características.

OBJETIVO

Dar al niño o niña la oportunidad de observar
las características físicas de los objetos y clasificarlos
en conjuntos, de acuerdo con uno o varios criterios
que él elija.

MOMENTO PARA DAR EL ESTÍMULO

Desde muy pequeño.

MATERIALES

- Diversos objetos de distintos materiales,
  texturas, tamaños, colores, grosores, formas,
  pesos, longitudes, etcétera.
- Una charola grande.
- Un recipiente grande.
- Seis a ocho recipientes medianos.
- Equipo de trabajo de pintura.

**Si no tienes estos materiales, puedes buscar
otros que cumplan la misma función.**

PARTICIPANTES
Uno

TÉCNICA
ACCIÓN DIRIGIDA
- La educadora indica al niño los pasos de la actividad:
- Llevan el material al tapete.
- Saca todos los recipientes y los acomoda sobre el tapete.
- Selecciona los objetos y los agrupa siguiendo sus propios criterios, acomodando en el mismo recipiente los que se parecen entre sí.

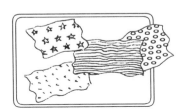

- Cuando ha terminado, se le puede preguntar: "¿Por qué los acomodaste así?", "¿en qué se parecen éstos?", "¿de qué otra manera los puedes agrupar?" o cualquier otra pregunta que lo haga reflexionar sobre la manera en que los agrupó.

ELABORACIÓN
- Se decoran la charola y los recipientes.
- Se colocan los objetos dentro del recipiente grande y todo sobre la charola.

VARIACIONES DEL MATERIAL
Se puede variar el número de recipientes, poniendo más o menos, de manera que pueda agrupar varias clases entre sí para formar una más amplia o las divida en subclases, según el espacio de que disponga. También se pueden escoger objetos que sean distintos únicamente en la forma, en el tamaño, en el material del que estén hechos, en el color o en cualquier otro de sus atributos.

Idea obtenida de Mary Baratta-Lorton.

Juego de los atributos

Los niños y niñas juegan a encontrar semejanzas.

OBJETIVO

Dar a los niños y niñas la oportunidad de establecer criterios de similitud entre objetos de diversos atributos.

MOMENTO PARA DAR EL ESTÍMULO

Cuando ya han realizado muchos ejercicios de clasificación, del tipo de "Semillas", Mg. 10; y "Semejantes y diferentes", Mg. 11.

MATERIALES

- Cartoncillo blanco.
- Papel lustre de tres colores diferentes.
- Listón o estambre.
- Una charola mediana.
- Equipo de trabajo general y de pintura.

Si no tienes estos materiales, puedes buscar otros que cumplan la misma función.

PARTICIPANTES
Ocho a veinte

TÉCNICA
ACCIÓN DIRIGIDA
- La educadora indica a los niños los pasos de la actividad:
- Se elige a un niño para que salga del salón y sea el *adivino*.
- Los demás eligen un cartoncillo con una figura geométrica de determinado color y tamaño, y se la cuelgan al cuello, de manera que todos la puedan ver.
- Forman un círculo alrededor del salón.
- La educadora dice algún atributo de las figuras, puede ser la forma, el color o el tamaño; por ejemplo, "amarillos".
- Los niños que tengan figuras amarillas, uno a uno, van formando una fila en medio del círculo.
- Se llama al *adivino* para que diga en qué se parecen las figuras que tienen los niños que están en el centro.
- Se puede seguir el juego nombrando distintos atributos cada vez, por ejemplo, "cuadrados rojos".

VARIACIONES DE LA TÉCNICA
Después de que los niños lo han jugado alguna vez, pueden ellos mismos decir los atributos.
Si algunos niños aún no conocen el nombre de las figuras o de los colores, éstos se pueden ir nombrando antes de iniciar el juego.

ELABORACIÓN
- Se cortan 27 pedazos de cartoncillo de 15 x 20 cm, aproximadamente.
- Se marcan y recortan las figuras sobre el papel lustre (triángulos, cuadrados y círculos de tres tamaños y colores diferentes).
- Se pega una figura sobre cada cartoncillo.
- Se amarra a cada cartoncillo un estambre o listón de 50 cm, aproximadamente.
- Se decora la charola.
- Se colocan los cartoncillos sobre la charola.

VARIACIONES DEL MATERIAL
Se pueden incluir más colores y figuras geométricas.

Idea obtenida de María Rosa Mira.

La tiendita

Los niños y niñas juegan a acomodar,
a comprar y vender.

OBJETIVO

Dar a los niños y niñas la oportunidad
de divertirse clasificando y acomodando.

MOMENTO PARA DAR EL ESTÍMULO

Desde muy pequeños.

MATERIALES

- Frascos, cajas, latas, bolsas y envolturas vacías
  de productos de uso cotidiano.
- Bolsa de mandado.
- Monedero.
- Monedas de uso corriente de unidad,
  por ejemplo, un peso.
- Huacales, estantes o cajas.
- Una caja grande.
- Equipo de trabajo general y de pintura.

**Si no tienes estos materiales, puedes buscar
otros que cumplan la misma función.**

PARTICIPANTES
Dos

TÉCNICA
ACCIÓN DIRIGIDA
- La educadora indica a los niños los pasos de la actividad:
- Sacan todos los productos de la caja grande y los acomodan en los estantes, agrupándolos según su criterio.
- Deciden quién será el vendedor y quién el comprador.
- El comprador toma la bolsa de mandado y el monedero.
- Juegan a comprar y vender.

ELABORACIÓN
- Se rellenan las cajas vacías con periódicos y se cierran.
- Se tapan las latas con un círculo de cartón grueso del tamaño de la lata.
- Se decoran los huacales o estantes y la caja grande.
- Se colocan todos los productos dentro de la caja.

VARIACIONES DEL MATERIAL
Se puede poner lápiz y papel o un pizarrón pequeño y gises. Se pueden incluir listones, estambres u otras cosas que se puedan medir y un metro, con marcas en distintos lugares, por ejemplo, cada centímetro o cada diez centímetros.

OTROS EJERCICIOS
También pueden llenar frascos y bolsas vacíos con semillas, piedras, hilos, y después etiquetarlos, escribiendo el nombre del contenido en papel que pueden pegar sobre estos envases.

El comprador puede escribir una lista de las compras que va a realizar y leerla al vendedor cuando llegue a la tiendita.

Pueden escribir el precio de cada uno de los productos y, al pagar, ir poniendo las monedas sobre la mesa; al final, se cuentan las monedas juntas para saber cuál fue el costo total. La suma se puede escribir en un papel o en un pizarrón pequeño.

También pueden medir listones o estambres y jugar a venderlos por metro o por centímetro.

Creación de SEIP.

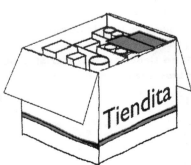

Dimensiones

El niño o niña acomoda
elementos en una serie.

OBJETIVO
Dar al niño o niña la oportunidad
de acomodar los objetos en una serie,
de acuerdo a su longitud u otra dimensión.

MOMENTO PARA DAR EL ESTÍMULO
Desde muy pequeño.

MATERIALES
- Un recipiente grande.
- 10 vainas de tabachín, de distinta longitud
  cada una.
- Equipo de trabajo de pintura.

**Si no tienes estos materiales, puedes buscar
otros que cumplan la misma función.**

PARTICIPANTES
Uno

TÉCNICA
ACCIÓN DIRIGIDA
- La educadora indica al niño los pasos de la actividad.
- Saca las vainas del recipiente y las coloca sobre el tapete.
- Acomoda las vainas como él quiera.
- Cuando ha terminado, se le puede preguntar: "¿por qué las acomodaste así?", "¿de qué otra manera las podrías acomodar?", "¿las podrías acomodar de la más larga a la más corta?" o cualquier otra pregunta que lo ayude a reflexionar sobre cómo lo ha hecho.

ELABORACIÓN
- Se decora el recipiente.
- Se colocan las vainas dentro del recipiente.

VARIACIONES DEL MATERIAL
También se pueden poner materiales que sean diferentes en el grosor, como varitas de bambú o pedazos de tubo o manguera; o que sean diferentes en el tamaño, como piedras, conchas o latas.

Creación de SEIP.

¿Cuál es más grande?

Los niños y niñas comparan tamaños usando formas de plastilina que ellos mismos han amasado.

OBJETIVO

Dar a los niños y niñas la oportunidad de comparar y hacer una serie con formas de plastilina de distintos tamaños, nombrando el lugar relativo que cada uno ocupa.

MOMENTO PARA DAR EL ESTÍMULO

Cuando han hecho varios ejercicios de comparación y seriación, como "Semejantes y diferentes", Mg. 11; y "Dimensiones", Mg. 14.

MATERIALES

• Plastilina o masa.
• Un recipiente mediano.
• Un protector de plástico.
• Equipo de trabajo de pintura.

Si no tienes estos materiales, puedes buscar otros que cumplan la misma función.

PARTICIPANTES
Tres

TÉCNICA
ACCIÓN DIRIGIDA
- La educadora indica a los niños los pasos de la actividad.
- Llevan el material al tapete.
- Cada niño modela una bola de distinto tamaño —chica, mediana o grande— usando la plastilina.
- Colocan las tres bolas, una junto a la otra, y las ordenan en una serie, de menor a mayor. Después dicen qué lugar ocupa la bola que cada uno modeló con respecto a las otras, si es la más pequeña, la mediana o la más grande.

VARIACIONES DE LA TÉCNICA
También se pueden modelar otras formas, como troncos, con las cuales se compare el grosor, la longitud o la altura.

Idea obtenida
de María Rosa Mira.

Serpiente de colores

Los niños y niñas descubren
y siguen una secuencia de colores.

OBJETIVO

Dar a los niños y niñas la oportunidad de descubrir
el orden en una secuencia dada y continuarla de la
misma manera.

MOMENTO PARA DAR EL ESTÍMULO

Después de que los niños han hecho varios ejercicios
de seriación, como los de "Dimensiones", Mg. 14;
y "¿Cuál es más grande?", Mg. 15.

MATERIALES

• Papel lustre de tres colores diferentes.
• Cartoncillo o cartulina de tres colores diferentes.
• Listones o estambre.
• Una charola mediana.
• Equipo de trabajo general y de pintura.

**Si no tienes estos materiales, puedes buscar
otros que cumplan la misma función.**

PARTICIPANTES
Ocho a veinte

TÉCNICA
ACCIÓN DIRIGIDA
- La educadora indica a los niños los pasos de la actividad:
- Forman un círculo.
- Se escoge a un *adivino* que sale del salón.
- Los demás eligen un cartoncillo y se lo cuelgan al cuello.

- La educadora les muestra una secuencia de color, por ejemplo, verde, rojo, azul, verde, rojo, azul...
- Los niños van pasando, uno por uno, al centro y se van dando la mano, formando una *serpiente de colores* con la secuencia indicada.
- Antes de terminar de formar la serpiente, se llama al *adivino* y se le pide que encuentre la secuencia y termine de formar la serpiente.

VARIACIONES DE LA TÉCNICA
Más adelante, la secuencia puede complicarse un poco repitiendo algunos colores, por ejemplo, rojo, azul, verde, verde, rojo, azul, verde, verde... También se puede incluir un mayor número de colores.

ELABORACIÓN
- Se pega el papel lustre sobre el cartoncillo.
- Se corta en pedazos de 15 x 20 cm, aproximadamente.
- Se amarra un estambre o listón a cada cartoncillo, de manera que se pueda colgar al cuello.
- Se decora la charola.
- Se colocan los cartoncillos sobre la charola.

VARIACIONES DEL MATERIAL
Se pueden incluir otros colores.

Idea obtenida de María Rosa Mira.

Triángulos, colores y matices

El niño o niña hace series con los triángulos, de acuerdo con sus colores y matices.

OBJETIVO

Dar al niño o niña la oportunidad de hacer series y de formar figuras y diseños, atendiendo a los colores y a los matices.

MOMENTO PARA DAR EL ESTÍMULO

Cuando reconoce los colores.

MATERIALES

- Cartulina ilustración.
- Un recipiente mediano.
- Lápices de colores.
- Equipo de trabajo general y de pintura.

Si no tienes estos materiales, puedes buscar otros que cumplan la misma función.

PARTICIPANTES
Uno

TÉCNICA
ACCIÓN DIRIGIDA
- La educadora indica al niño los pasos de la actividad:
- Saca los triángulos de la charola y los extiende sobre el tapete.
- Elige todos los triángulos de un mismo color y los acomoda de *oscuro a clarito*, en la forma que desee.

VARIACIONES DE LA TÉCNICA
Más adelante, se le puede sugerir que combine varios colores para formar figuras que vayan del más oscuro al más claro o viceversa.

ELABORACIÓN
- Se marcan, sobre la cartulina ilustración, 36 triángulos equiláteros de 6 cm de lado, aproximadamente.
- Se cortan los triángulos.
- Se iluminan seis triángulos de un mismo color, pero cada uno de distinto matiz, desde el más oscuro hasta el más claro.
- Se continúa igual, hasta terminar con los 36 triángulos.
- Se barnizan las piezas.
- Se decora la charola.
- Se colocan los triángulos dentro de la charola.

Creación de SEIP.

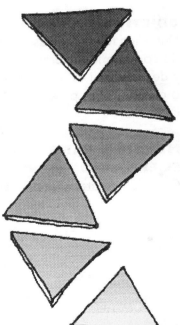

Las lanchas

Los niños y niñas juegan
a formar conjuntos.

OBJETIVO

Dar a los niños y niñas la oportunidad
de contar a los miembros de un conjunto
y de decidir si es necesario agregar
o quitar alguno para llegar a la cantidad
indicada.

MOMENTO PARA DAR
EL ESTÍMULO

Cuando muestran interés en contar.

PARTICIPANTES
Ocho a veinte

TÉCNICA
ACCIÓN DIRIGIDA
- La educadora indica a los niños los pasos de la actividad:
- Forman un círculo y la educadora les dice: "Vamos a imaginar que estamos en un gran barco paseando por el mar. De pronto el barco se descompone y para salvarnos tenemos que correr y subirnos a las lanchas. Como no cabemos todos en la misma lancha, nos tenemos que dividir en conjuntos, o sea, en grupos pequeños".
- A la voz de:"¡A las lanchas, de dos en dos!", todos corren y buscan formar un conjunto con ese número de miembros, abrazando a otros para lograrlo.
- Comprueban que la lancha contenga el número indicado.
- El juego se repite varias veces, cambiando cada vez el número de miembros en los conjuntos.

Idea obtenida de Laura Vargas.

Botes de palitos

El niño o niña cuenta de uno en uno.

OBJETIVO

Dar al niño o niña la oportunidad de hacer corresponder una cantidad con su numeral.

MOMENTO PARA DAR EL ESTÍMULO

Cuando tiene interés por contar y comienza a reconocer la escritura de los numerales.

MATERIALES

• 45 palitos.
• 10 recipientes pequeños.
• Un recipiente mediano.
• Una charola grande.
• Equipo de trabajo general y de pintura.

Si no tienes estos materiales, puedes buscar otros que cumplan la misma función.

PARTICIPANTES
Uno

TÉCNICA
PRESENTACIÓN
• Saca los recipientes y los coloca en línea, uno junto al otro, sin importar el orden.
• La educadora señala el numeral del primer recipiente, por ejemplo, "3" y pregunta: "¿qué número es?"
• Cuando el niño contesta, le pide que coloque tres palitos dentro del recipiente.
• Continúa de la misma manera, hasta que ha puesto palitos en todos los recipientes.
• Si requiere ayuda para leer los numerales o para decidir cuántos palitos corresponden, por ejemplo, en el recipiente marcado con el numeral "0", la educadora puede ayudarlo o pedirle a otro niño que lo haga.

ELABORACIÓN
• Se lijan y barnizan los palitos.
• Se decoran los recipientes y la charola.
• Se pintan los numerales del 0 al 9, uno en cada recipiente.
• Se colocan los palitos dentro del recipiente mediano.
• Se colocan los recipientes sobre la charola.

Idea obtenida del Sistema Montessori.

Contando y conociendo el número

El niño o niña forma conjuntos iguales.

OBJETIVO
Dar al niño o niña la oportunidad de hacer correspondencia uno a uno.

MOMENTO PARA DAR EL ESTÍMULO
Desde muy pequeño.

MATERIALES
- 55 semillas pequeñas.
- Una charola grande.
- 11 charolas pequeñas.
- Cartoncillo de color.
- Equipo de trabajo general y de pintura.

Si no tienes estos materiales, puedes buscar otros que cumplan la misma función.

Uno

PARTICIPANTES
Uno

TÉCNICA
PRESENTACIÓN
- Se sacan las 10 charolas marcadas y se extienden sobre el tapete.
- Sobre la primera charola se coloca una semilla en cada marca, al tiempo que se va contando.
- Se hace lo mismo con el resto de las charolas.

VARIACIONES DE LA TÉCNICA

Más adelante puede también acomodar, en cada charola, el numeral correspondiente.

ELABORACIÓN
- Se corta el cartoncillo al tamaño necesario para forrar el fondo de cada una de las 10 charolas pequeñas.
- Con la punta de un plumón grueso, se marcan las charolas; un punto en la primera, dos en la segunda y así sucesivamente hasta llegar a 10.
- Se decoran las charolas.
- Se colocan las semillas en una de las charolas pequeñas y se pone todo sobre la charola grande.

VARIACIONES DEL MATERIAL
Se pueden hacer 10 tarjetas con los numerales correspondientes.

Creación de SEIP.

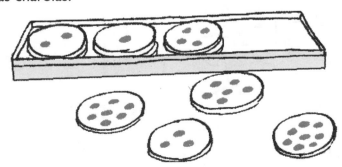

Juego de memoria de los números

Los niños y niñas juegan a guardar un número en la memoria.

OBJETIVO
Dar a los niños y niñas la oportunidad de recordar un número durante un periodo corto y de tomar la cantidad correspondiente de objetos.

MOMENTO PARA DAR EL ESTÍMULO
Cuando ya cuentan con facilidad y reconocen la escritura de algunos numerales.

MATERIALES
• 55 piedritas, conchas o semillas.
• Cartoncillo blanco.
• Tres charolas pequeñas.
• Dos recipientes medianos.
• Una charola grande.
• Equipo de trabajo general y de pintura.

Si no tienes estos materiales, puedes buscar otros que cumplan la misma función.

PARTICIPANTES

Tres

TÉCNICA

ACCIÓN DIRIGIDA

- La educadora indica a los niños los pasos de la actividad:
- Toma cada uno una charola pequeña y un numeral, y los lleva al tapete.
- Al llegar al tapete, cada uno desdobla el cartoncillo y mira el numeral que aparece escrito, cuidando que nadie más lo vea.
- Doblan el cartoncillo y lo dejan sobre el tapete.
- Toman su charola y van por la cantidad correspondiente de piedritas.
- Al regresar al tapete, cada uno dice el numeral que le tocó y cuenta en voz alta las piedritas. Luego muestra el numeral. Si la cantidad no corresponde al numeral, puede ir a corregirla.
- El juego puede repetirse varias veces.

VARIACIONES DE LA TÉCNICA

Se les puede sugerir que antes de ir por la cantidad realicen alguna actividad intermedia, como lavarse las manos o dar un recado, de manera que guarden el numeral en la memoria durante un tiempo más largo.

ELABORACIÓN

- Se marca y corta el cartoncillo en 11 pedazos de 10 x 6 cm, aproximadamente.
- Se traza un renglón en cada cartoncillo y se escribe un numeral del 0 al 10.
- Se decoran las charolas y los recipientes.
- Se doblan los numerales en cuatro y se colocan en uno de los recipientes; las piedritas se colocan en el otro recipiente y se pone todo sobre la charola grande.

Idea obtenida del Sistema Montessori.

¿Qué número falta?

Los niños y niñas juegan a encontrar el número que falta en la serie.

OBJETIVO

Dar a los niños y niñas la oportunidad de conocer la serie de numerales del 1 al 10 e identificar a cada uno de ellos en la posición que le corresponde en la secuencia.

MOMENTO PARA DAR EL ESTÍMULO

Cuando ya cuentan con facilidad hasta el 10 y reconocen los numerales.

MATERIALES

- Cartoncillo blanco.
- Estambre.
- Una charola grande.
- Equipo de trabajo general y de pintura.

Si no tienes estos materiales, puedes buscar otros que cumplan la misma función.

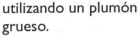
PARTICIPANTES
Once

TÉCNICA
ACCIÓN DIRIGIDA
- La educadora indica a los niños los pasos de la actividad:
- Se elige a un niño para que sea el *adivino*.
- Los demás escogen un número de la serie del 1 al 10 y se cuelgan al cuello el cartoncillo con el número elegido.
- Se colocan en hilera, de frente al *adivino*, y siguiendo la secuencia de la numeración.
- El *adivino* observa la serie de números, después se voltea de espaldas y uno de los niños se esconde detrás

de la fila, que se cerrará para no dejar un lugar vacío.
- El *adivino* se voltea de frente a la fila y dice cuál es el número que falta.
- El niño que estaba escondido vuelve a tomar su lugar y enseña su número para comprobar si el *adivino* acertó o no.
- El juego se puede repetir varias veces de la misma manera.

VARIACIONES DE LA TÉCNICA
- Se puede aumentar la serie de números, dependiendo del número de niños.
- También se pueden esconder dos o tres niños en cada ocasión.

ELABORACIÓN
- Se corta el cartoncillo en 10 pedazos de 15 x 20 cm, aproximadamente.
- Se marca en cada cartoncillo un número de la serie del 1 al 10,

utilizando un plumón grueso.
- Se corta el estambre en 10 pedazos de 50 cm, aproximadamente.
- Se amarra el estambre en cada uno de los cartoncillos.
- Se decora la charola.
- Se colocan los cartoncillos sobre la charola.

Creación de SEIP.

Las cartas
Los niños y niñas juegan cartas.

OBJETIVO
Dar a los niños y niñas la oportunidad de comparar cantidades iguales, mayores y menores.

MOMENTO PARA DAR EL ESTÍMULO
Cuando cuentan hasta 10 y reconocen los numerales.

MATERIALES
- Un paquete de cartas.
- Una charola pequeña.
- Equipo de trabajo de pintura.

Si no tienes estos materiales, puedes buscar otros que cumplan la misma función.

PARTICIPANTES

Dos o tres

TÉCNICA

ACCIÓN DIRIGIDA

- La educadora indica a los niños los pasos de la actividad:
- Llevan el material al tapete.
- Reparten las cartas en partes iguales.
- Colocan sus cartas con la cara hacia abajo en un montón.
- Toman la primera carta de su montón y la voltean.
- Cada uno dice en voz alta el número que le tocó.
- Comparan las cantidades y quien tenga la carta con más

elementos se lleva las tres y las coloca en un montón aparte.
- Si son iguales, sacan otra.
- El juego termina cuando se acaban las cartas o antes, si así lo deciden.
- Gana quien tenga más cartas.

ELABORACIÓN

- Se decora la charola.
- Se seleccionan las 36 cartas del 2 al 10 y se colocan sobre la charola.

Idea obtenida de Constance Kamii.

Desde el 1 hasta el 100
El niño o niña cuenta del 1 al 100.

OBJETIVO

Dar al niño o niña la oportunidad de aprender la serie del 1 al 100.

MOMENTO PARA DAR EL ESTÍMULO

Cuando conoce la serie del 1 al 10.

MATERIALES

- 100 argollas pequeñas.
- Un pedazo de madera de 10 x 10 x 3 cm, aproximadamente.
- Dos metros de alambre galvanizado del número 20.
- Un recipiente mediano.
- Equipo de trabajo general, de carpintería y de pintura.

Si no tienes estos materiales, puedes buscar otros que cumplan la misma función.

Once

PARTICIPANTES

Uno

TÉCNICA

PRESENTACIÓN

- Llevan el material al tapete.
- La educadora saca una argolla, la mete en la punta del alambre y dice: "Uno".
- Toma otra argolla, la mete en la punta del alambre y dice: "Dos".
- Invita al niño a seguir metiendo y contando las argollas, una por una.
- Cuando sea necesario, lo puede ayudar a contar.
- El ejercicio puede terminar al llegar al número 100 o en cualquier momento anterior, de acuerdo con la posibilidad y el interés del niño.

ELABORACIÓN

- El alambre se dobla en cuatro y se tuerce, con ayuda de una pinza.
- Se perfora la madera por el centro con un taladro.
- Se pasan las puntas abiertas del alambre por el hueco de la madera.
- Por la parte de atrás de la madera, se sujeta el alambre con clavos.
- Se decoran la madera y el recipiente.
- Se colocan las argollas dentro del recipiente.

Creación de SEIP.

Tablero del 100

El niño o niña acomoda los
numerales del 1 al 100 sobre
un tablero.

OBJETIVO

Dar al niño o niña la oportunidad de reconocer
y ordenar los numerales del 1 al 100, al tiempo
que descubre la regularidad en la numeración.

MOMENTO PARA DAR EL ESTÍMULO

Cuando ya reconoce con facilidad
los numerales del 0 al 9.

MATERIALES

- Cartón grueso de 30 x 40 cm, aproximadamente.
- Diez ligas pequeñas.
- Una charola grande.
- Una charola mediana.
- Equipo de trabajo general y de pintura.

**Si no tienes estos materiales, puedes buscar
otros que cumplan la misma función.**

PARTICIPANTES
Uno

TÉCNICA
PRESENTACIÓN
- Llevan el material al tapete.
- Se sacan los numerales del 1 al 10 y se extienden sobre el tapete.
- Se acomodan en orden sobre el tablero diciendo, al mismo tiempo, cada número.
- Se sacan los numerales del 11 al 20 y se extienden sobre el tapete.
- Se acomodan en orden sobre el tablero, al tiempo que se van nombrando.
- Se continúa igual hasta llegar al número 100, aunque, a consideración del niño o de la educadora, se puede terminar antes y continuar otro día.
- El niño puede recurrir al tablero de control de error para comprobar que acomodó bien los numerales.

VARIACIONES DE LA TÉCNICA
Una vez acomodado el tablero, se le puede pedir al niño que cierre los ojos, se voltea uno de los numerales y se le pide que adivine cuál es el número que está volteado.

También puede leer los números horizontal o verticalmente.

ELABORACIÓN
- Se marcan y cortan dos tableros con el cartón grueso, cada uno de 20 x 20 cm.
- Cada uno de los tableros se divide en 100 cuadros iguales de 2 x 2 cm.
- Se marcan, sobre uno de los tableros, los números del 1 al 100; éste será el control de error.
- En el otro tablero se dejan los cuadros en blanco.
- Se marcan y cortan 100 cuadrados de 2 x 2 cm y se escriben los numerales del 1 al 100, con renglón.
- Se hacen, con cartón, 10 separaciones en la charola mediana, de manera que en cada una se acomoden 10 numerales.
- Se decoran las charolas.
- Se acomodan los numerales dentro de la charola mediana, agrupados de 10 en 10 y amarrados con ligas.
- Se coloca todo sobre la charola grande.

Idea obtenida del Sistema Montessori.

La palangana
Los niños y niñas juntan palitos
y los agrupan en docenas.

OBJETIVO
Dar a los niños y niñas la oportunidad de contar
y agrupar los elementos en docenas.

MOMENTO PARA DAR EL ESTÍMULO
Después de haber trabajado con otros
ejercicios de conteo.

MATERIALES
- 72 palitos.
- 6 ligas.
- 6 piedras pequeñas y planas.
- Una palangana pequeña.
- 3 cuadros de tela de 20 x 20 cm,
  aproximadamente.
- Una charola grande.
- Un recipiente pequeño.
- Equipo de trabajo general, de pintura
  y de costura.

Si no tienes estos materiales, puedes buscar otros que cumplan la misma función.

PARTICIPANTES
Dos a tres

TÉCNICA
ACCIÓN DIRIGIDA
- La educadora indica a los niños los pasos de la actividad.
- Se lleva el material al tapete.
- Cada niño toma su tela.
- El niño que inicia el juego toma la palangana con las piedras dentro.
- Golpea la palangana de manera que las piedras se muevan pero no caigan.
- Por cada piedra que caiga con la cara pintada hacia arriba, toma dos palitos y los esconde bajo su tela.
- Cuando se acaban los palitos, cada uno cuenta y agrupa los suyos en docenas, amarrándolos con una liga.
- Gana quien reúna más docenas. Si hay empate, también cuentan los palitos sueltos.

ELABORACIÓN
- Se lijan y barnizan los palitos.
- Se pintan las piedras por una cara.
- Se decoran la palangana, el recipiente y la charola.
- Se dobladilla la tela.
- Se colocan los palitos en la charola, las ligas en el recipiente y las piedras en la palangana.

Idea obtenida del juego amerindio "La palangana"

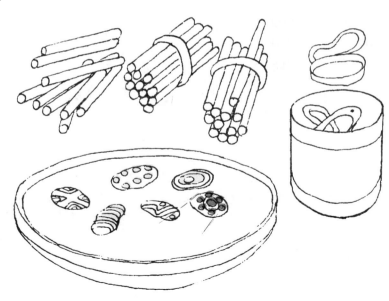

Adivinanzas

Los niños y niñas juegan
a adivinar números.

OBJETIVO

Dar a los niños y niñas la oportunidad
de encontrar un número en la serie del 1 al 10.

MOMENTO PARA DAR EL ESTÍMULO

Cuando ya conocen la serie de números
del 1 al 10 y reconocen la escritura de estos
numerales.

MATERIALES

• Cartoncillo blanco.
• Una charola pequeña.
• Equipo de trabajo general y de pintura.

**Si no tienes estos materiales, puedes buscar
otros que cumplan la misma función.**

PARTICIPANTES
Tres

TÉCNICA
ACCIÓN DIRIGIDA
- La educadora indica a los niños los pasos de la actividad.
- Llevan el material al tapete y uno de los niños toma un cartoncillo, lo desdobla y mira el numeral. Dice a sus compañeros: "Adivina, adivinador, ¿cuál es el número que me tocó?"
- Dicen un número, al azar, entre el 1 y el 10.
- El niño contesta diciendo: "No, es más" o "No, es menos".
- Cuando aciertan, contesta: "Sí, ése es".

ELABORACIÓN
- Se marca y corta el cartoncillo en 10 pedazos de 10 x 6 cm, aproximadamente.
- En cada uno se escribe un numeral del 1 al 10.
- Se decora la charola.
- Se doblan los numerales en cuatro y se colocan sobre la charola.

Idea obtenida
de Constance Kamii.

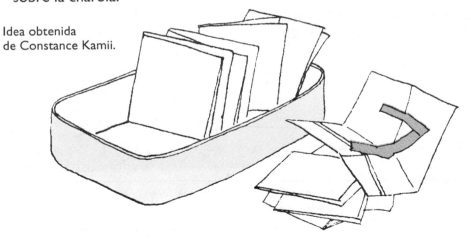

La pulga y la trampa

Los niños y las niñas cuentan
de dos en dos o de tres en tres.

OBJETIVO

Dar a los niños y niñas la oportunidad de contar
de dos en dos y de tres en tres, anticipando cuáles
son los números de la serie del dos y cuáles
de la serie del tres.

MOMENTO PARA DAR EL ESTÍMULO

Cuando cuentan con facilidad hasta el 20
y pueden leer los numerales.

MATERIALES

- Cartón grueso de 8 x 75 cm, aproximadamente.
- Una piedra pequeña.
- 6 semillas iguales.
- Una charola mediana.
- 2 recipientes pequeños.
- Equipo de trabajo general y de pintura.

**Si no tienes estos materiales, puedes buscar
otros que cumplan la misma función.**

PARTICIPANTES
Dos

TÉCNICA
ACCIÓN DIRIGIDA
- La educadora indica a los niños los pasos de la actividad.
- Colocan el tablero frente a ellos sobre el tapete.
- Cada uno toma un recipiente pequeño.
- Uno de los niños coloca la piedra en cualquier punto del tablero después del cero; esa piedra es la trampa.
- El otro niño toma una semilla y dice si saltará por el tablero de dos en dos o de tres en tres, según piense que puede esquivar la trampa.
- Al ir saltando, va leyendo en voz alta cada uno de los números donde cae. Si logra saltar por todo el tablero sin caer en la trampa, se queda con la semilla y la coloca en su recipiente, pero, si cae en la trampa, le entrega la semilla a su compañero.
- Invierten los papeles y el que hizo de pulga ahora pondrá la trampa, mientras su compañero intenta esquivarla.
- Cuando se acaban las semillas, pueden contar cuántas obtuvo cada quien.

VARIACIONES DE LA TÉCNICA
Más adelante pueden saltar también de cuatro en cuatro sobre un tablero con la serie del 0 al 30.

ELABORACIÓN
- Se marca sobre el cartón una línea con la serie numérica del 0 hasta el 20, con una separación de 3,5 centímetros, aproximadamente, entre cada numeral.
- Se barniza el tablero.
- Se decoran la charola y los recipientes.
- Se colocan las semillas, la piedra y los dos recipientes vacíos dentro de la charola y ésta sobre el tablero.

VARIACIONES DEL MATERIAL
Se puede hacer otro tablero con la serie del 0 al 30.

Idea obtenida de Irma Fuenlabrada.

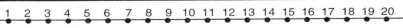

Conociendo el sistema decimal

El niño o niña aprende los nombres del sistema decimal.

OBJETIVO
Dar al niño o niña la oportunidad de conocer los nombres de las categorías del sistema decimal: unidad, decena, ciento, mil.

MOMENTO PARA DAR EL ESTÍMULO
Cuando ya cuenta con facilidad.

MATERIALES
"El Banco" (ver anexos, p. 142).

PARTICIPANTES
Uno

TÉCNICA
PRESENTACIÓN
- La educadora toma una unidad, una decena, un ciento y un mil de "El Banco" y los coloca en una charola.
- Llevan el material al tapete.
- La educadora toma la unidad y pregunta al niño cuántas cuentas son.

- Le dice que el uno también puede llamarse *unidad*.
- Toma la decena y cuentan juntos, una unidad, dos unidades... diez unidades.
- Le dice al niño que a diez unidades también se les puede llamar *decena*.
- Hacen el *juego del nombre* con la unidad y la decena (ver "Técnicas para el trabajo con los niños", p. 14).

- Toma el ciento y cuentan juntos, colocando la decena sobre cada una de las decenas que forman el ciento, una decena, dos decenas... diez decenas.
- Le dice al niño que a diez decenas también se les puede llamar *ciento*.

- Hacen el *juego del nombre* con la decena y el ciento.
- Toma el mil y cuentan juntos, señalando cada ciento que forma el mil, un ciento, dos cientos... diez cientos.
- Le dice al niño que a diez cientos también se les puede llamar *mil*.
- Hacen el *juego del nombre* con el ciento y el mil.
- Esta *presentación* se hace en uno o en varios días, según el interés del niño.

Idea obtenida del Sistema Montessori.

Unidad

Decena

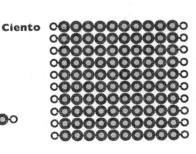

Ciento

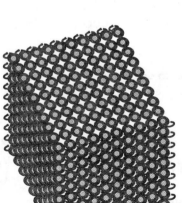

Mil

El cajero

Los niños y niñas juegan a contar
y a agrupar los elementos de diez en diez.

OBJETIVO

Dar a los niños y niñas la oportunidad de contar
y de conocer las reglas del sistema decimal, cambiando
10 unidades por una decena y 10 decenas por un ciento.

MOMENTO PARA DAR EL ESTÍMULO

Cuando ya cuentan con cierta facilidad y han hecho
el ejercicio de "Conociendo el sistema decimal", Mg. 29.

MATERIALES

- 35 unidades, 35 decenas y un ciento de cuentas doradas,
  como las descritas para "El Banco" en los anexos.
- Dos dados.
- Dos charolas pequeñas.
- Tres recipientes medianos.
- Una charola grande.
- Equipo de trabajo de carpintería y de pintura.

**Si no tienes estos materiales, puedes buscar
otros que cumplan la misma función.**

PARTICIPANTES

Tres o cuatro

TÉCNICA

ACCIÓN DIRIGIDA

• La educadora indica a los niños los pasos de la actividad:

• Eligen a uno para ser *el cajero*; el resto serán *los jugadores*.

• Llevan el material al tapete y *el cajero* lo coloca frente a él.

• Cada *jugador* toma uno de los recipientes vacíos para colocar allí las cuentas que obtenga.

• Por turnos, los *jugadores* tiran ambos dados a la vez, cuentan los puntos y reclaman tantas unidades como puntos hayan obtenido.

• Cada vez que un *jugador* junte 10 unidades, le pide al *cajero* que se las cambie por una decena.

• Gana el primero que junte 10 decenas y las cambie por un ciento.

VARIACIONES DE LA TÉCNICA

Cuando han jugado varias veces, pueden *sumar* los puntos de ambos dados en vez de contarlos.

ELABORACIÓN

• Se hacen las unidades, las decenas y el ciento de la misma manera que para "El Banco" (ver los anexos).

• Se decoran las charolas y los recipientes.

• Se colocan las unidades en una charola pequeña y las decenas en la otra.

• Se colocan las charolas pequeñas, los recipientes, el ciento y los dados sobre la charola grande.

Idea obtenida de Irma Fuenlabrada.

Cadena del 100

El niño o niña cuenta unidades y decenas.

OBJETIVO

Dar al niño o niña la oportunidad de contar cada unidad o cada decena hasta llegar al 100 y de comparar esta cantidad con uno de los cientos de "El Banco".

MOMENTO PARA DAR EL ESTÍMULO

Cuando ya cuenta con facilidad y ha hecho el ejercicio de "Conociendo el sistema decimal", Mg. 29.

MATERIALES

- 10 decenas de cuentas doradas, como las descritas para "El Banco" en los anexos.
- 30 cm, aproximadamente, de alambre galvanizado del número 18.
- Una charola pequeña.
- Equipo de trabajo de carpintería y de pintura.

Si no tienes estos materiales, puedes buscar otros que cumplan la misma función.

Treinta y cuatro

PARTICIPANTES
Uno

TÉCNICA
ACCIÓN DIRIGIDA

- La educadora indica al niño los pasos de la actividad.
- El niño extiende la cadena sobre el tapete.
- Cuenta de uno en uno, mientras va tocando cada cuenta con su dedo, hasta terminar toda la cadena y llegar al 100.
- Cuando ha terminado, dobla la cadena por las uniones entre cada decena, quedando de la misma forma que el ciento.
- La educadora le puede preguntar: "¿Cuántas unidades hay en la cadena?", "¿habrá la misma cantidad de unidades en la cadena que tú contaste y en el ciento?", "¿cuántas unidades crees que hay en un ciento?", "¿y cuántas decenas?"

VARIACIONES DE LA TÉCNICA
También puede contar cada decena y compararlas igualmente con el ciento.

ELABORACIÓN

- Se hacen las decenas de la misma manera que para "El Banco" (ver los anexos).
- Se cortan nueve pedazos de alambre de tres cm de largo cada uno.
- Se introduce la punta de uno de los alambres en la terminación de una de las decenas y se dobla el alambre con las pinzas para engarzar.
- Se mete la segunda punta del alambre en la terminación de otra decena y se dobla con las pinzas para engarzar.
- Se hace lo mismo con el resto de las decenas, uniéndolas para formar la cadena.
- Se decora la charola.
- Se coloca la cadena dentro de la charola.

Idea obtenida del Sistema Montessori.

Cadena del 1 000
El niño o niña cuenta unidades, decenas y cientos.

OBJETIVO
Dar al niño o niña la oportunidad de contar cada unidad, cada decena o cada ciento hasta llegar a mil y de comparar esta cantidad con 10 cientos o con un mil de "El Banco".

MOMENTO PARA DAR EL ESTÍMULO
Cuando ya cuenta con facilidad series largas y ha hecho los ejercicios de "Conociendo el sistema decimal", Mg. 29; y "Cadena del 100", Mg. 31.

MATERIALES
- 100 decenas de cuentas doradas, como las descritas para "El Banco" (ver anexos).
- 3 metros de alambre galvanizado del número 18.
- Nueve argollas para llavero de tres cm de diámetro, aproximadamente.
- Una charola mediana.
- Equipo de trabajo de carpintería y de pintura.

Si no tienes estos materiales, puedes buscar otros que cumplan la misma función.

PARTICIPANTES
Uno

TÉCNICA
ACCIÓN DIRIGIDA
• La educadora indica al niño los pasos de la actividad:
• La cadena se extiende sobre el tapete, doblándola donde sea necesario para que quepa.
• Cuenta de uno en uno, mientras va tocando cada cuenta con su dedo, hasta terminar toda la cadena y llegar al 1 000.
• También se puede detener el conteo en cualquier punto antes del 1 000, si se considera conveniente.
• Cuando termina de contar hasta el 1 000, dobla la cadena por las uniones entre las 10 primeras decenas, quedando de la misma forma que el ciento.
• Se sigue doblando la cadena de la misma manera hasta obtener 10 cientos.
• Va a "El Banco" por 10 cientos y los compara con la cadena que acaba de doblar, para ver si son iguales.
• Luego encima los 10 cientos y los compara con un mil de "El Banco", para ver si son iguales.
• La educadora le puede preguntar: "¿Cuántas unidades hay en la cadena?", "¿habrá la misma cantidad de unidades en la cadena que tú contaste y en el mil?", "¿cuántas decenas habrá en un mil?", "¿cuántos cientos?"

ELABORACIÓN
• Se hacen las decenas de la misma manera que para "El Banco" (ver anexos).
• Se cortan 90 pedazos de alambre de 3 cm de largo cada uno.
• Se introduce la punta de uno de los alambres en la terminación de una de las decenas y se dobla el alambre con las pinzas para engarzar.
• Se mete la segunda punta del alambre en la terminación de otra decena y se dobla con las pinzas para engarzar.
• Se hace lo mismo con el resto de las decenas, uniéndolas en cadenas de 10 decenas cada una.
• Se unen las cadenas por medio de las argollas para llavero.
• Se decora la charola.
• Se coloca la cadena dentro de la charola.

Idea obtenida
del Sistema Montessori.

Sistema decimal con cuentas

El niño o niña juega con cantidades.

OBJETIVO

Dar al niño o niña la oportunidad de agrupar cantidades según las reglas del sistema decimal.

MOMENTO PARA DAR EL ESTÍMULO

Cuando ya conoce el nombre de las categorías del sistema decimal, después de que ha trabajado con el ejercicio "Conociendo el sistema decimal", Mg. 29.

MATERIALES

• "El Banco" (ver anexos).

Una unidad, dos decenas y seis cientos

PARTICIPANTES

Uno

TÉCNICA

PRESENTACIÓN

• La educadora toma una charola grande, nueve unidades, nueve decenas, nueve cientos y nueve miles de "El Banco"

• La educadora invita al niño a llevar el material al tapete.

• Sacan las unidades y las acomodan del lado derecho del tapete en hilera vertical, mientras cuentan: "Una unidad, dos unidades... nueve unidades".

• Sacan las decenas y las acomodan a la izquierda de las unidades, en

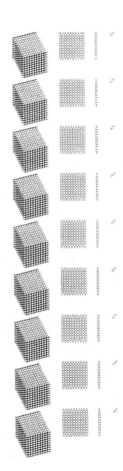

hilera vertical, mientras cuentan: "Una decena, dos decenas... nueve decenas".

- Hacen lo mismo con los cientos y los miles.
- El niño toma la charola y lleva las cantidades que la educadora le pide. Por ejemplo: "Trae dos unidades", "ahora trae cinco decenas", "trae cuatro cientos", "trae seis miles", etcétera. En cada ocasión, cuentan el material y después el niño lo regresa a su lugar en el tapete.
- Más adelante se le piden cantidades con categorías combinadas, empezando siempre por las unidades, por ejemplo: "trae tres unidades y cinco decenas", "trae una unidad, dos decenas y seis cientos", "trae cuatro unidades, cinco decenas, seis cientos y seis miles", etcétera.
- En este momento se introducen tres nombres irregulares: cinco cientos o quinientos, siete cientos o setecientos, nueve cientos o novecientos.
- La presentación se realiza en varios días.

VARIACIONES DE LA TÉCNICA
Cuando ya ha trabajado varias veces con este ejercicio, puede tomar el material directamente del estante, sin acomodarlo sobre el tapete. También pueden trabajar en equipos de dos o tres, llevando cada uno las cantidades que pida la educadora o uno de los niños.

Más adelante se pueden pedir más de nueve elementos de una sola categoría, por ejemplo, 15 unidades. El niño realiza el cambio correspondiente en "El Banco", cambiando 10 unidades por una decena, como en el ejercicio de "El cajero", Mg. 30.

Idea obtenida
del Sistema Montessori.

Sistema decimal con tarjetas

El niño o niña reconoce los numerales del 1 al 9 000.

OBJETIVO

Dar al niño o niña la oportunidad de reconocer los numerales correspondientes a las unidades, decenas, cientos y miles.

MOMENTO PARA DAR EL ESTÍMULO

Después de que ha trabajado con el ejercicio "Sistema decimal con cuentas", Mg. 33, y conoce los números del 0 al 9.

MATERIALES

• "El Banco" (ver anexos, p. 142).

PARTICIPANTES
Uno

TÉCNICA
PRESENTACIÓN
- La educadora toma las tarjetas con los numerales y una charola grande de "El Banco".
- Llevan el material al tapete.
- La educadora pone las tarjetas con los numerales correspondiente a las unidades —1 al 9— en un montoncito del lado derecho del tapete; a la izquierda de éstas, las decenas —10 al 90—; luego, los cientos —100 al 900—; y, por último, los miles —1 000 al 9 000.

- Señalando la tarjeta del número uno, la educadora indica al niño que es la tarjeta de una unidad. Señalando el 10, dice que es la tarjeta de una decena. Hace lo mismo con la de un ciento y un mil. Hacen el *juego del nombre*. (Ver "Técnicas para el trabajo…", p. 13)
- Leen las tarjetas empezando por las unidades: "Una unidad, dos unidades… nueve unidades", colocando las tarjetas bocabajo después de leerlas.
- Después leen las decenas: "Una decena, dos decenas… nueve decenas".
- Hacen lo mismo con los

cientos y los miles.
- Toman las tarjetas de las unidades y las acomodan del lado derecho del tapete, en hilera vertical, mientras leen: "Una unidad, dos unidades… nueve unidades".
- Hacen lo mismo con las tarjetas de las decenas, los cientos y los miles.
- El niño toma la charola y lleva las cantidades que la educadora le pide, como en el ejercicio de "Sistema decimal con cuentas", Mg. 33.

- La presentación puede realizarse en varios días, según el interés de cada niño.

VARIACIONES DE LA TÉCNICA
Cuando ya ha trabajado varias veces con este ejercicio, puede tomar las tarjetas directamente del portanumerales, sin acomodarlos sobre el tapete.

Más adelante, se le pide al niño que lleve las cantidades con el material de cuentas y con tarjetas.

Idea obtenida del Sistema Montessori.

Formación de números compuestos

El niño o niña lee cantidades grandes.

OBJETIVO

Dar al niño o niña la oportunidad de formar y leer
números hasta el 9 999.

MOMENTO PARA DAR EL ESTÍMULO

Después de que ya trabajó con los ejercicios
"Sistema decimal con cuentas", Mg. 33;
y "Sistema decimal con tarjetas", Mg. 34.

MATERIALES
• "El Banco" (ver anexos, p. 142).

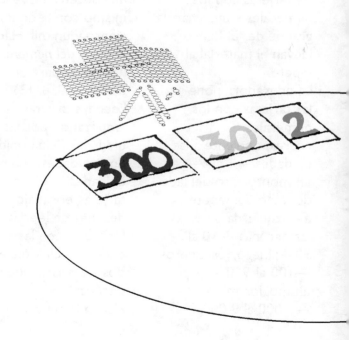

PARTICIPANTES
Uno

TÉCNICA
ACCIÓN DIRIGIDA
• La educadora pide al niño que lleve en la charola una cantidad de "El Banco", con el material de cuentas y con las tarjetas, por ejemplo: "Trae dos unidades, tres decenas y tres cientos".
• Al llegar, el niño cuenta el material y lee cada tarjeta.
• La educadora toma la tarjeta con el numeral

300, coloca encima la tarjeta con el numeral 30 y encima de ésta la de 2, alineándolas todas a la derecha. Al colocar cada una, va diciendo el nombre: "Trescientos... treinta... y dos".
• Señalando cada numeral, repite: "Son trescientos treinta y dos".
• Pide al niño que lea el numeral.
• El juego se repite hasta que el niño así lo desee.

Idea obtenida del Sistema Montessori.

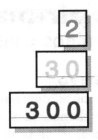

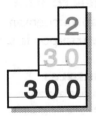

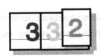

La pirinola
Los niños y niñas juegan a la pirinola.

OBJETIVO
Dar a los niños y niñas la oportunidad de aumentar y quitar elementos a una cantidad dada, introduciéndose al concepto de suma y resta.

MOMENTO PARA DAR EL ESTÍMULO
Cuando ya cuentan con facilidad y comienzan a interesarse por la lectura de los numerales

MATERIALES
• Una pirinola grande.
• Un recipiente grande.
• Tres recipientes chicos.
• 40 a 50 semillas.

Si no tienes estos materiales, puedes buscar otros que cumplan la misma función.

PARTICIPANTES
Tres a cuatro

TÉCNICA
ACCIÓN DIRIGIDA
• La educadora indica a los niños los pasos de la actividad:
• Cada uno toma 10 semillas y deja el resto dentro del recipiente, en el centro del tapete.
• Quien comienza el juego hace girar la pirinola. Cuando ésta se detiene, lee el letrero que quedó arriba y hace lo que allí dice; por ejemplo, "Toma 1", el niño toma una semilla del recipiente y la pone con las suyas.

• El siguiente niño continúa de la misma manera.
• El juego se termina cuando alguien ha perdido todas sus semillas.
• Gana quien tenga el mayor número de semillas.

ELABORACIÓN
• Se decora el recipiente.
• Se colocan las semillas y la pirinola dentro del recipiente.

Idea obtenida de juego tradicional.

Dos

TOMA 2 PON 1

La suma
Los niños y niñas hacen sumas.

OBJETIVO
Dar a los niños y niñas la oportunidad de aprender a sumar cantidades grandes.

MOMENTO PARA DAR EL ESTÍMULO
Cuando ya tienen el concepto de que sumar significa juntar y han hecho muchos ejercicios del sistema decimal, como "Sistema decimal con cuentas", Mg. 33; "Sistema decimal con tarjetas", Mg. 34; y "Formación de números compuestos", Mg. 35.

MATERIALES
• "El Banco" (ver anexos, p. 142).

PARTICIPANTES
Tres

TÉCNICA
ACCIÓN DIRIGIDA

- La educadora indica a los niños los pasos de la actividad.
- Escogen quién de los tres será el cajero; él entregará a sus compañeros las cantidades de material que le soliciten.
- La educadora pide a uno de los niños que vaya al "Banco" por una cantidad y los numerales correspondientes, por ejemplo, 1 542.

- Mientras tanto, pide al segundo niño otra cantidad con sus numerales, por ejemplo, 2 323.
- Cada niño acomoda sobre el tapete lo que trajo, colocando el material de la manera acostumbrada y los numerales hacia la derecha del material. La segunda cantidad se coloca justo debajo de la primera.
- La educadora recuerda a los niños que van a sumar esas cantidades y que sumar quiere decir juntar, reunir.

- Uno de los niños junta todo el material en un solo montón.
- Uno de sus compañeros separa los elementos de cada una de las categorías, como acostumbran, empezando por las unidades.
- Ahora cuentan el material: "Son cinco unidades, seis decenas, ocho cientos y tres miles".
- Van por los numerales correspondientes; los acomodan como acostumbran y los leen —3 865—. Finalmente, los colocan abajo de los numerales anteriores.

VARIACIONES DE LA TÉCNICA
Cuando ya han hecho este ejercicio varias veces, pueden hacerlo sin ayuda de la educadora.

Más adelante, se pueden escoger cantidades en las que la suma de alguna de sus categorías resulte en más de nueve elementos, por ejemplo, 345 y 228; en este caso, resultarán 13 unidades y tendrán que cambiar 10 de ellas por una decena.

Idea obtenida del Sistema Montessori.

La resta
Los niños y niñas hacen restas.

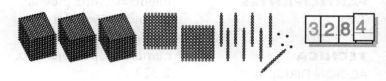

OBJETIVO
Dar a los niños y niñas la oportunidad de restar cantidades grandes.

MOMENTO PARA DAR EL ESTÍMULO
Cuando ya tienen el concepto de que restar significa quitar y han hecho muchos ejercicios del sistema decimal, como "Sistema decimal con cuentas", Mg. 33; "Sistema decimal con tarjetas", Mg. 34; y "Formación de números compuestos", Mg. 35.

MATERIALES:
• "El Banco" (ver anexos).

PARTICIPANTES
Tres

TÉCNICA
ACCIÓN DIRIGIDA
- La educadora indica a los niños los pasos de la actividad:
- Escogen quién de los tres será el cajero; él entregará a sus compañeros las cantidades de material que le soliciten.
- La educadora pide a uno de los niños que vaya al "Banco" por una cantidad y por los numerales que corresponden, por ejemplo, 3 284.
- El niño acomoda lo que trajo sobre el tapete, colocando el material hacia la izquierda y los numerales hacia la derecha.
- Otro de los niños va por una cantidad, pero no trae el material, sino únicamente los numerales, por ejemplo, 1 162, y los coloca sobre el tapete.
- La educadora recuerda a los niños que van a restar esta cantidad y que restar quiere decir quitar.
- Uno de los niños va quitando el material que indican los numerales, empezando por las unidades. Quita primero dos unidades, luego seis decenas, un ciento y un mil.
- Cuentan el material que quedó, empezando por las unidades —son dos unidades, dos decenas, un ciento y dos miles.
- Van por los numerales correspondientes; los acomodan como acostumbran y los leen —son 2 122—. Ahora los colocan abajo de los numerales anteriores.

VARIACIONES DE LA TÉCNICA
Cuando los niños ya han hecho este ejercicio varias veces, pueden hacerlo sin ayuda de la educadora.

Más adelante, se pueden escoger cantidades en las que se tenga que hacer un cambio en alguna de las categorías; por ejemplo, 345 menos 228. En este caso no se pueden quitar ocho unidades porque únicamente hay cinco; entonces, se cambia una decena por 10 unidades. Ahora hay 15 unidades y se puede hacer la resta como acostumbran.

Idea obtenida del Sistema Montessori.

Alto

Los niños y niñas miden distancias con pasos y pies.

OBJETIVO

Dar a los niños y niñas
la oportunidad
de medir distancias
y de introducirse
en el cálculo aproximado
utilizando unidades
naturales.

**MOMENTO PARA
DAR EL ESTÍMULO**

Cuando tienen interés
en medir.

PARTICIPANTES
Seis a diez

TÉCNICA
ACCIÓN DIRIGIDA
- La educadora indica a los niños los pasos de la actividad:
- Se marcan en el suelo dos círculos grandes, uno dentro del otro.
- El círculo exterior se divide en nueve partes.
- Uno de los niños se para sobre el círculo de adentro y los demás sobre las divisiones del círculo exterior.
- Quien está en el centro comienza el juego

diciendo: "Declaro la paz a mi amigo _____".
- El niño a quien nombraron salta al círculo del centro y grita: "¡Alto!", mientras

los demás corren para alejarse lo más posible.
- Todos deben detenerse al escuchar la voz de alto.
- Quien está en el centro mira a sus compañeros y elige a uno.
- Calcula y dice con cuántos pasos puede llegar hasta donde está él.
- Si atina, el compañero pasa al centro; en caso

contrario, repite la acción.
- El juego continúa de la misma manera, hasta que todos han pasado al centro.

VARIACIONES DE LA TÉCNICA
También se puede decir cómo se darán los pasos, si grandes, medianos o chicos. En otras ocasiones, se puede medir la distancia por pies. Más adelante, se puede calcular el número de metros, utilizando el material descrito para el ejercicio de "¿Cuánto mide?", Mg. 41.

Idea obtenida de juego tradicional.

Atínale

Los niños y niñas miden distancias con la mano.

OBJETIVO

Dar a los niños y niñas la oportunidad de medir distancias y de introducirse en el cálculo aproximado, utilizando unidades naturales.

MOMENTO PARA DAR EL ESTÍMULO

Cuando tienen interés en medir.

MATERIALES

• Una moneda o ficha para cada niño.

PARTICIPANTES
Ocho a veinte

TÉCNICA
ACCIÓN DIRIGIDA
- La educadora indica a los niños los pasos de la actividad:
- Pintan con un gis una raya larga sobre el suelo; ésta será la salida.
- A unos seis *pasos grandes* pintan otra raya, paralela a la primera; ésta será la meta.
- Cada niño toma una moneda.
- Se paran sobre la salida y por turnos van tirando su moneda, tratando de que ésta caiga sobre la línea de la meta.
- Si alguno logró que su moneda llegara a la meta, gana un punto.
- Los demás, por turnos, van diciendo qué tan lejos quedó su moneda de la meta, midiendo la distancia por cuartas. Pueden decir, por ejemplo, "son como dos cuartas" o "son un poco más de tres cuartas" o "es un poco menos de una cuarta", etcétera. Los niños que le atinen a la medida ganan un punto.

VARIACIONES
DE LA TÉCNICA
También se pueden utilizar los dedos como unidades fraccionarias; por ejemplo, "dos cuartas y tres dedos".

Idea obtenida de Irma Fuenlabrada.

¿Cuánto mide?

Los niños y niñas comparan la medida de los objetos.

OBJETIVO

Dar a los niños y niñas la oportunidad de aprender a medir comparando objetos de diversas longitudes y de introducirse en el cálculo aproximado de éstas.

MOMENTO PARA DAR EL ESTÍMULO

Cuando ya han hecho otros ejercicios de clasificar objetos según su longitud; por ejemplo, "Dimensiones", Mg.14.

PARTICIPANTES
Ocho a veinte

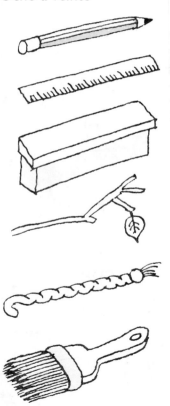

TÉCNICA
ACCIÓN DIRIGIDA
- La educadora indica a los niños los pasos de la actividad:
- Uno de los niños elige un objeto de la longitud que él desee y lo muestra a sus compañeros.
- Todos observan el objeto unos segundos y buscan, dentro o fuera del salón, otro objeto de longitud semejante.
- Si no encuentran un objeto más o menos igual de largo, lo pueden construir recortando una tira de papel o un pedazo de hilo o estambre.
- Regresan al salón y comparan su objeto con el primero.
- Si es semejante, dejan allí el objeto; si no, pueden ir a buscar otro.
- El juego se repite varias veces de la misma manera.

VARIACIONES DE LA TÉCNICA
El juego puede hacerse utilizando como referencia un metro. Más adelante se puede utilizar también un decímetro y un centímetro.

VARIACIONES DEL MATERIAL
Se puede tener una regla de un metro, hecha de madera o cartón.

Idea obtenida de Irma Fuenlabrada.

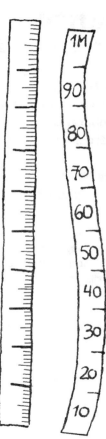

¿Cuánto mido yo?
Los niños y niñas miden su altura.

OBJETIVO
Dar a los niños y niñas la oportunidad de medirse y de comparar su altura con la del resto de sus compañeros.

MOMENTO PARA DAR EL ESTÍMULO
Desde muy pequeños.

MATERIALES
• Cartón grueso.
• Tarjetas blancas de 8 x 4 cm, aproximadamente.
• Una charola pequeña.
• Equipo de trabajo general, de carpintería y pintura.

Si no tienes estos materiales, puedes buscar otros que cumplan la misma función.

PARTICIPANTES
Dos a cuatro

TÉCNICA
ACCIÓN DIRIGIDA
- La educadora indica a los niños los pasos de la actividad:
- Van al lugar donde se encuentra la cinta métrica.
- Se quitan los zapatos.
- Uno a uno se van colocando de espaldas a la pared, donde se encuentra la cinta métrica.
- La educadora marca una raya sobre la pared para indicar hasta dónde llega cada niño.
- Van diciendo cuánto mide cada uno.
- Si pueden hacerlo, escriben su nombre en una de las tarjetas o piden ayuda a otro.
- Colocan sus tarjetas sobre la raya que indica su estatura.
- Comparan sus estaturas y ven cuál es el más alto, el más bajo, el mediano.
- Si hay ya otros nombres en la pared, pueden compararlos también con respecto a ellos.

VARIACIONES DE LA TÉCNICA
Más adelante, cuando vuelvan a medirse, comparan su nueva estatura con la anterior y colocan su tarjeta en el lugar que ahora corresponde.

ELABORACIÓN
- Se elabora una cinta métrica de 1,5 m de largo con el cartón grueso, marcando cada centímetro.
  - Se escriben los numerales empezando de abajo hacia arriba.
  - Se fija la cinta métrica a la pared.
  - Se marca un renglón a las tarjetas.
  - Se decora la charola.
  - Se colocan las tarjetas sobre la charola.

Creación SEIP.

El tren de la semana

Los niños y niñas marcan el paso
de los días de la semana.

OBJETIVO

Dar a los niños y niñas la oportunidad de utilizar el día
como una unidad en la medida del tiempo, marcando
el paso de los días de la semana.

MOMENTO PARA DAR EL ESTÍMULO

Desde muy pequeños.

MATERIALES

• Restos de cartoncillo o cartulina de distintos colores.
• Cartón grueso, de 20 x 80 cm, aproximadamente.
• Plástico transparente, de 10 x 80 cm, aproximadamente.
• Una charola mediana.
• Equipo de trabajo general, de costura y de pintura.

**Si no tienes estos materiales, puedes buscar
otros que cumplan la misma función.**

PARTICIPANTES

Ocho a veinte

TÉCNICA

ACCIÓN DIRIGIDA

- El tablero se cuelga en algún lugar del salón donde sea muy visible y esté a la altura de los niños. Este lugar será permanente durante todo el año.
- La educadora indica a los niños los pasos de la actividad:
- La educadora pregunta a los niños: "¿Saben qué día es hoy?" Deja que contesten, estimulando la participación de todos.
- Una vez que han dicho qué día es, señalan el lugar que le

corresponde en el tablero.
- Uno de los niños busca el vagón que corresponde y lo coloca en su lugar.
- Cada día se hace lo mismo, hasta completar el tren; es decir, hasta completar la semana.
- Al comenzar cada

semana, se vuelve a hacer lo mismo.

ELABORACIÓN

- Con el cartoncillo de colores, se cortan seis vagones de formas distintas y una máquina de tren.
- Se dibuja la silueta de cada uno de éstos sobre el tablero, como si estuvieran enganchados todos los vagones a la máquina.
- Sobre la máquina y cada uno de los vagones se escribe el nombre de

uno de los días de la semana, empezando por el lunes y siguiendo el mismo orden en el que se dibujaron sobre el tablero.
- Se barnizan el tablero, la máquina y los vagones.
- Se cose el plástico transparente sobre la mitad inferior del tablero.
- Se decora la charola.
- Se colocan la máquina y los vagones sobre la charola.

Idea obtenida
de Mary Baratta-Lorton.

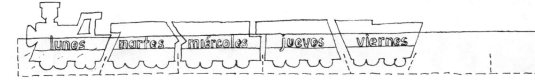

¿Qué día es hoy?

Los niños y niñas marcan el paso de los días en el calendario.

OBJETIVO

Dar a los niños y niñas la oportunidad de utilizar el día como unidad de medida de tiempo, marcando en forma continua el paso de los días durante las semanas y los meses de un año.

MOMENTO PARA DAR EL ESTÍMULO

Desde muy pequeños.

MATERIALES

- Un calendario grande.
- Un recipiente mediano.
- Un plumón de punto grueso.
- Equipo de trabajo de pintura.

Si no tienes estos materiales, puedes buscar otros que cumplan la misma función.

PARTICIPANTES
Ocho a veinte

TÉCNICA
ACCIÓN DIRIGIDA
- El calendario se cuelga en algún lugar del salón donde sea muy visible y esté a la altura de los niños. Este lugar será permanente durante todo el año.
- La educadora indica a los niños los pasos de la actividad:
- La educadora pregunta: "¿Saben qué día es hoy?" Deja que los niños contesten, estimulando la participación de todos.
- Una vez que han dicho qué día es, la educadora completa la información diciendo el número del día, el nombre del mes y el año; por ejemplo: "Hoy es lunes 6 de febrero de …".
- Uno de los niños pasa al lugar donde se encuentra el calendario y pone una marca muy visible sobre ese día, para indicar a todos que ése es "el día de hoy".
- Puede pasar otro niño a marcar una cruz sobre el día anterior, para indicar que ya pasó.
- Cada día, durante todo el año, se hace lo mismo.

VARIACIONES DE LA TÉCNICA
También se puede marcar por anticipado alguna fecha significativa, como el día de la Navidad, el Día de Muertos o los cumpleaños, de manera que puedan ir contando los días que faltan para llegar a esa fecha especial.

Se puede elaborar un dibujo pequeñito sobre lo que se hizo en grupo y pegarlo sobre el día correspondiente, de manera que después pueda ayudarlos a recordar lo que hicieron durante la semana o el mes.

Se puede utilizar otro tipo de calendarios, como los que tienen una hoja para cada día y en vez de poner una marca se puede arrancar la hoja completa y ponerla en otro lugar para después ver cuántos días han pasado.

ELABORACIÓN
- Se decora el recipiente.
- Se coloca el plumón dentro del recipiente, en un lugar cercano al calendario.

Creación SEIP.

El reloj
El niño o niña lee el reloj.

OBJETIVO
Dar al niño o niña la oportunidad de conocer la manera de leer el reloj.

MOMENTO PARA DAR EL ESTÍMULO
Cuando el niño ya conoce y puede leer los números hasta el 12.

MATERIALES
• Cartón grueso de 30 X 30 cm, aproximadamente.
• Una charola pequeña.
• Un broche de dos patas.
• Equipo de trabajo general, de pintura y de costura.

Si no tienes estos materiales, puedes buscar otros que cumplan la misma función.

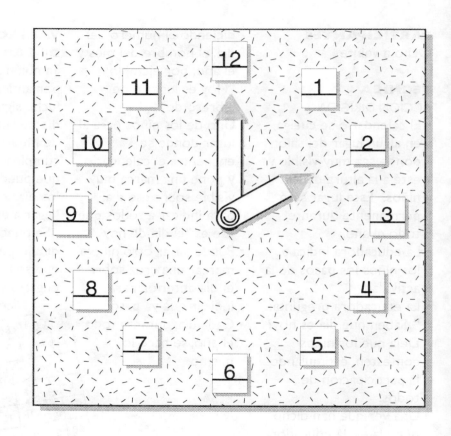

PARTICIPANTES
Uno

TÉCNICA
PRESENTACIÓN
- Se lleva el material al tapete.
- Se sacan los numerales y se extienden sobre el tapete.
- La educadora muestra cómo acomodar los numerales sobre la carátula, empezando por el uno.
- El niño acomoda los numerales.
- La educadora coloca las manecillas señalando la una en punto. Dice: "Es la una en punto", al tiempo que señala con el dedo el uno y luego el 12.
- Ahora coloca las manecillas señalando las dos en punto. Dice: "Son las dos en punto", al tiempo que señala con el dedo el dos y luego el 12.
- Continúa igual hasta señalar las doce en punto.
- Invita al niño a hacer lo mismo.

VARIACIONES DE LA TÉCNICA
Cuando ya ha hecho varias veces este ejercicio, se le puede pedir que coloque las manecillas para que indiquen una hora determinada. Más adelante, se muestra la lectura del reloj a la media y después al cuarto. También se puede mostrar la lectura del reloj digital.

ELABORACIÓN
- Se corta una carátula redonda o cuadrada, utilizando el cartón grueso.
- Se marcan 12 divisiones iguales.
- Se cortan dos manecillas, una corta y otra larga, del resto del cartón.
- Se perfora la carátula por el centro y se pasa un broche, sujetando las dos manecillas.
- Se cortan 12 cuadrados de 3 x 3 cm, aproximadamente, utilizando el cartón.
- Se marca un renglón a cada uno y se escriben los numerales del 1 al 12.
- Se barnizan la carátula y los numerales.
- Se decora la charola.
- Se colocan los numerales sobre la charola y ésta sobre la carátula.

VARIACIONES DEL MATERIAL
Se puede hacer una carátula para reloj digital y los numerales correspondientes, 12 para las horas y 60 para los minutos.

Idea obtenida del Sistema Montessori.

¿Cuál pesa más?

El niño o niña compara el peso de distintos objetos.

OBJETIVO

Dar al niño o niña la oportunidad de acomodar objetos de acuerdo a su peso.

MOMENTO PARA DAR EL ESTÍMULO

Cuando ya ha hecho otros ejercicios de clasificación y de seriación, del tipo "Semejantes y diferentes", Mg. 11; y "Dimensiones", Mg. 14.

MATERIALES

• Diversos objetos del salón o del patio.

Livianos

Pesados

PARTICIPANTES
Uno

TÉCNICA
ACCIÓN DIRIGIDA
- La educadora indica al niño los pasos de la actividad.
- El niño toma un objeto cualquiera del salón o del patio, por ejemplo, una pelota; la pone en una de sus manos y siente su peso.
- Coloca la pelota sobre el tapete.

- Toma otro objeto, por ejemplo, una piedra, y siente su peso.
- Dice cuál pesa más.
- Acomoda los objetos de distintas formas, por ejemplo, de un lado los más pesados y de otro los más livianos.

VARIACIONES DE LA TÉCNICA
Puede acomodar los objetos de más pesado a más liviano o de más liviano a más pesado.

También puede comparar visualmente dos objetos, anticipando cuál pesa más y después tomarlos para comprobar su idea.

Si se desea, los objetos se pueden pesar en una balanza.

VARIACIONES DEL MATERIAL
Se puede comparar el peso de dos objetos poniendo dos armellas o alcayatas sobre un trozo de madera. De cada alcayata se cuelga una liga grande y se amarra una bolsa de plástico en el otro extremo.

Idea obtenida de María Rosa Mira.

Livianos

Pesados

111

¿Cuánto le cabe?

Los niños y niñas predicen cuánto
cabe en un recipiente.

OBJETIVO
Dar a los niños y niñas la oportunidad de predecir la
capacidad que tiene un recipiente con respecto a otro.

MOMENTO PARA DAR EL ESTÍMULO
Desde muy pequeños.

MATERIALES
• Tres o cuatro recipientes medianos de distinta capacidad.
• Tapas medianas de envases, iguales entre sí.
• Arena, tierra o grava fina.
• Una charola grande.

**Si no tienes estos materiales, puedes buscar
otros que cumplan la misma función.**

PARTICIPANTES
Dos

TÉCNICA
ACCIÓN DIRIGIDA
- La educadora indica a los niños los pasos de la actividad:
- Toman uno de los recipientes llenos, observan la cantidad de tierra que contiene y dicen cuántos recipientes pequeños pueden llenar con ese material.
- Hacen la prueba y verifican o rectifican su predicción.
- Hacen lo mismo con el resto de los recipientes llenos.
- Cuando han terminado, la educadora les puede preguntar: "¿Con cuál recipiente pudieron llenar más tapaderas?", "¿con cuál pudieron llenar menos?", "¿a cuál de los recipientes le cabe más?", "¿pudieron adivinar cuántas tapaderas se podían llenar con cada recipiente?", "¿y ahora cuántas tapaderas se necesitan para volver a llenar este recipiente?" o cualquier otra pregunta que los ayude a reflexionar sobre sus predicciones y los resultados que han encontrado.

ELABORACIÓN
- Se decoran los recipientes, las tapaderas y la charola.
- Se llenan los recipientes medianos con la tierra o grava.
- Se coloca todo sobre la charola.

VARIACIONES DEL MATERIAL
Los recipientes pueden tener medidas estandarizadas, como un litro, medio litro o un cuarto de litro.

Idea obtenida de Mary Baratta-Lorton.

Las formas

Los niños y niñas juegan con las figuras.

OBJETIVO

Dar a los niños y niñas la oportunidad de conocer el nombre y la forma de cuatro figuras geométricas básicas: el triángulo, el círculo, el cuadrado y el rectángulo.

MOMENTO PARA DAR EL ESTÍMULO

Desde muy pequeños.

MATERIALES

• Retazos de tela o plástico de cuatro diferentes colores.
• Una charola grande.
• Equipo de trabajo general y de pintura.

Si no tienes estos materiales, puedes buscar otros que cumplan la misma función.

PARTICIPANTES

Ocho a veinte

TÉCNICA

ACCIÓN DIRIGIDA

- La educadora indica a los niños los pasos de la actividad:
- Salen al área exterior y ponen las figuras distribuidas sobre el piso.
- La educadora nombra y muestra una de las figuras, por ejemplo, el círculo.
- Pide a los niños que corran a tomar un círculo, luego que se paren sobre él, después que lo toquen, que lo avienten, etcétera.
- Hace lo mismo con el resto de las figuras.

VARIACIONES DE LA TÉCNICA

Cuando ya conocen el nombre de las cuatro figuras, puede jugarse combinando todas las posibilidades al mismo tiempo, nombrando la forma, el color o el tamaño. También puede acompañarse el ejercicio con música.

ELABORACIÓN

- Se cortan círculos, cuadrados, triángulos y rectángulos de cuatro diferentes colores y tres medidas, los más pequeños de unos 10 cm de lado y los más grandes de unos 30 cm de lado.
- Se decora la charola.
- Se colocan las figuras sobre la charola.

Idea obtenida de Julieta Pancaldi

Enredoso

Los niños y niñas juegan a reconocer figuras en un tablero.

OBJETIVO

Dar a los niños y niñas la oportunidad de reconocer el nombre y la forma de cuatro figuras geométricas básicas: el triángulo, el círculo, el rectángulo y el cuadrado.

MOMENTO PARA DAR EL ESTÍMULO

Cuando ya han hecho otros ejercicios con figuras, como "Juego de los atributos", Mg. 12; y "Las formas", Mg. 48.

MATERIALES

- Tela gruesa de color claro, de 1,20 x 1,20 metros, aproximadamente.
- Retazos de tela de color liso en cuatro colores diferentes.
- Ocho tarjetas de cartoncillo blanco, de 10 x 10 cm, aproximadamente.
- Una charola pequeña.
- Equipo de trabajo general, de pintura y de costura.

Si no tienes estos materiales, puedes buscar otros que cumplan la misma función.

PARTICIPANTES

Cuatro a seis

TÉCNICA

ACCIÓN DIRIGIDA

- La educadora indica a los niños los pasos de la actividad:
- Se quitan los zapatos y se colocan alrededor del tapete.
- La educadora saca una tarjeta y la lee, por ejemplo: "Triángulo, mano".
- Los niños buscan rápidamente un triángulo y ponen sobre él la mano.
- Si alguno se queda sin triángulo, no importa, espera otra oportunidad.
- El juego continúa igual, haciendo, a cada oportunidad, lo que dicen las tarjetas. Las manos y los pies van cambiando de lugar y de figura, según lo indican las tarjetas.
- Cuando alguno no pueda sostenerse y caiga, el juego vuelve a comenzar.

ELABORACIÓN

- Se hace el dobladillo al tapete.
- Se cortan 16 figuras de las telas de colores: cuatro triángulos, cuatro cuadrados, cuatro rectángulos y cuatro círculos.
- Se cosen las figuras sobre el tapete, espaciándolas en forma regular.
- Se escribe en cada tarjeta una combinación posible, por ejemplo, triángulo y mano, cuadrado y mano, círculo y mano, rectángulo y mano, triángulo y pie, cuadrado y pie, etcétera. Cada texto se acompaña de su respectivo dibujo.
- Se decora la charola.
- Se colocan las tarjetas sobre la charola.

VARIACIONES DEL MATERIAL

Más adelante se pueden usar otras figuras, como el rombo, el pentágono, etcétera.

También los niños pueden leer las tarjetas ayudándose con los dibujos.

Idea obtenida del juego "Enredoso".

cuadrado pie

círculo p

rectángulo mano

triángulo mano

La mano que adivina

El niño o niña reconoce
con el tacto algunas figuras.

OBJETIVO:

Dar al niño o niña la oportunidad de reconocer,
a través del tacto, algunas figuras geométricas.

MOMENTO PARA DAR EL ESTÍMULO

Desde muy pequeño.

MATERIALES

• Tela gruesa de 20 x 60 cm, aproximadamente.
• Listón o estambre.
• Cartón grueso, de 20 x 20 cm, aproximadamente.
• Seis tarjetas blancas, de 10 x 10 cm, aproximadamente.
• Una charola pequeña.
• Equipo de trabajo general, de pintura y de costura.

**Si no tienes estos materiales, puedes buscar
otros que cumplan la misma función.**

PARTICIPANTES
Uno

TÉCNICA
ACCIÓN DIRIGIDA
• La educadora indica al niño los pasos de la actividad:
• Toma una tarjeta de la charola y la observa con atención.
• Mete la mano a la bolsa, buscando con el tacto la figura.
• Cuando la ha encontrado, la saca y la compara con la que aparece en la tarjeta.
  Si es la misma, la conserva; si no, la regresa a la bolsa.
• Continúa igual hasta que las ha sacado todas.

VARIACIONES DE LA TÉCNICA
También se puede hacer el *juego del nombre* (ver "Técnicas para el trabajo…", p.13), para que aprenda el nombre de cada una de las figuras.

ELABORACIÓN
• Se dobla la tela por la mitad y se cose por los dos lados.
• Se hace el dobladillo en la parte superior, dejando un espacio para meter el listón.
• Se cortan las figuras geométricas del cartón grueso; pueden ser, por ejemplo: círculo, triángulo, rectángulo, cuadrado, pentágono, rombo, trapecio, hexágono.
• Se dibuja una de estas figuras sobre cada una de las tarjetas.
• Se decora la charola.
• Se ponen las figuras dentro de la bolsa y las tarjetas sobre la charola.

VARIACIONES DEL MATERIAL
Se pueden poner también cuerpos geométricos u objetos de uso común en los que se pueda reconocer alguno de estos cuerpos.

Idea obtenida del Sistema Montessori.

Las damas

Los niños y niñas juegan a acomodar figuras geométricas en un tablero.

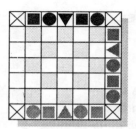

ESQUEMA I

OBJETIVO

Dar a los niños y niñas la oportunidad de manipular distintas figuras geométricas, reconociendo su número de lados y la orientación que tienen éstos.

MOMENTO PARA DAR EL ESTÍMULO

Cuando ya han hecho otros ejercicios con figuras geométricas, como "Las formas", Mg. 48; "Enredoso", Mg. 49; y "La mano que adivina", Mg. 50.

MATERIALES

• Cartón grueso de 50 x 50 cm, aproximadamente.
• Una charola pequeña.
• Equipo de trabajo general y de pintura.

Si no tienes estos materiales, puedes buscar otros que cumplan la misma función.

PARTICIPANTES
Dos a cuatro

TÉCNICA
ACCIÓN DIRIGIDA
- La educadora indica a los niños los pasos de la actividad.
- Llevan el material al tapete.
- Cada uno de los niños se coloca frente a uno de los lados del tablero y escoge cinco figuras geométricas de un mismo color: un triángulo, dos cuadrados y dos círculos.
- Acomodan las figuras en el orden que lo deseen sobre la primera línea, dejando libres las esquinas (ver esquema 1).
- Por turnos, mueven una pieza a la vez, avanzando hacia el lado opuesto del tablero.
- Los cuadrados pueden moverse un lugar hacia la derecha, la izquierda, el frente o atrás. Los triángulos pueden moverse un lugar hacia atrás o en diagonal hacia la derecha o izquierda. Los círculos se mueven un lugar hacia cualquier dirección (ver esquema 2).
- Cada pieza avanza un solo espacio en la dirección que le corresponde.
- Gana el primero que acomode sus cinco figuras en la línea opuesta del tablero.

ELABORACIÓN
- Se corta un tablero de cartón grueso de 35 x 35 cm, aproximadamente.
- Se marca el tablero con 49 cuadros iguales, cada uno de 5 x 5 cm.
- Se pintan los cuadros según el esquema.
- Se cortan 20 figuras geométricas: cuatro triángulos de 4 cm por lado; ocho cuadrados de 4 cm por lado; y ocho círculos de 4 cm de diámetro.
- Se pintan las figuras geométricas de cuatro colores distintos (un triángulo, dos cuadrados y dos círculos de cada color).
- Se decora la charola.
- Se colocan las figuras geométricas sobre la charola y ésta sobre el tablero.

Idea obtenida del juego de mesa "Traverse" (UNICEF).

ESQUEMA 2

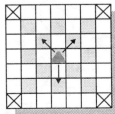 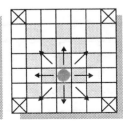 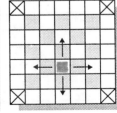

Figuras con estambre
El niño o niña hace figuras
sobre un tablero.

OBJETIVO
Dar al niño o niña la oportunidad de formar figuras
geométricas copiándolas de un modelo.

MOMENTO PARA DAR EL ESTÍMULO
Cuando reconoce las figuras geométricas y ha hecho
otros ejercicios, como "Enredoso", Mg. 49; y "La mano
que adivina", Mg. 50.

MATERIALES
• Una tabla de madera de 30 x 30 cm, aproximadamente.
• 36 clavos medianos.
• Estambre grueso de 80 cm de largo, aproximadamente.
• Cinco tarjetas de 10 x 10 cm, aproximadamente.
• Una charola pequeña.

**Si no tienes estos materiales, puedes buscar
otros que cumplan la misma función.**

PARTICIPANTES
Uno

TÉCNICA
ACCIÓN DIRIGIDA
- La educadora indica al niño los pasos de la actividad.
- Elige una tarjeta y mira la figura que contiene.
- Toma el estambre y lo pasa de un clavo a otro, formando la figura que aparece en la tarjeta.
- Deshace esa figura y vuelve a comenzar, tomando otra tarjeta y formando una nueva figura.

VARIACIONES DE LA TÉCNICA
Puede hacer una figura sobre otra, encimando cuantas veces lo desee. También puede utilizar este material libremente, enredando el estambre en cualquier clavo al azar; al terminar, puede tratar de encontrar algunas figuras en la trama de estambre.

ELABORACIÓN
- Se lija y barniza la madera.
- Se clavan los clavos en forma regular, por ejemplo, seis líneas con seis clavos cada una.
- Se amarra una de las puntas del estambre a uno de los clavos de la orilla.
- Se marca e ilumina una figura geométrica en cada tarjeta.
- Se decora la charola.
- Se colocan las tarjetas sobre la charola y ésta sobre el tablero.

VARIACIONES DEL MATERIAL
Se pueden utilizar ligas en lugar de estambre. Las figuras pueden hacerse de tamaños distintos.

Creación SEIP.

Figuras con el cuerpo
Los niños y niñas forman
figuras con sus cuerpos.

OBJETIVO
Dar a los niños y niñas la oportunidad de
experimentar con su propio cuerpo la forma de
distintas figuras geométricas, el número de lados,
su orientación y proporción.

MOMENTO PARA DAR EL ESTÍMULO
Cuando ya han hecho otros juegos de
conocimiento de figuras geométricas, como
"Enredoso", Mg. 49; o "La mano que
adivina", Mg. 50.

PARTICIPANTES

Doce a veinte

TÉCNICA

ACCIÓN DIRIGIDA

- La educadora indica a los niños los pasos de la actividad:
- Eligen una figura geométrica, por ejemplo, un cuadrado.
- Dicen cuántos lados tiene esa figura.
- Se comprueba la respuesta poniendo una figura como modelo.
- La educadora pregunta cuántos niños se necesitan para formar un cuadrado si cada niño es uno de los lados.
- Se comprueba la respuesta volviendo a contar los lados del cuadrado.
- Cuatro niños se acuestan en el suelo para formar entre todos el cuadrado.
- Los demás les van diciendo cómo acomodarse para que quede formada la figura.
- Cuando han terminado, otros niños pueden formar el cuadrado de la misma manera.
- El juego termina cuando todos los niños han formado la figura, o antes si lo consideran conveniente.

VARIACIONES DE LA TÉCNICA

Si el grupo es grande, se puede dividir en equipos de ocho niños cada uno.

Idea obtenida de María Rosa Mira.

Figuras con listones

Los niños y niñas forman figuras geométricas utilizando listones.

OBJETIVO

Dar a los niños y niñas la oportunidad de formar figuras geométricas en grupo, ayudándose con tres o cuatro listones.

MOMENTO PARA DAR EL ESTÍMULO

Cuando ya han hecho otros juegos con figuras geométricas, como "Enredoso", Mg. 49; y "La mano que adivina", Mg. 50.

MATERIALES

- 24 m de listón ancho.
- Una charola mediana.
- Equipo de trabajo de pintura.

Si no tienes estos materiales, puedes buscar otros que cumplan la misma función.

PARTICIPANTES
Doce a veinte

TÉCNICA
ACCIÓN DIRIGIDA
• La educadora indica
  a los niños los pasos
  de la actividad:
• Se divide al grupo
  en equipos de tres
  o cuatro.
• Eligen una figura
  geométrica, por
  ejemplo, un triángulo,
  cuadrado, rectángulo
  o círculo.
• Dicen cuántos lados
  tiene esa figura.
• Se comprueba la
  respuesta poniendo una
  figura como modelo.
• Cada equipo decide
  cuántos listones y de
  qué tamaño —grandes

o chicos— necesitará
para formar la figura.
• Toman el material
  necesario y se organizan
  para formarla.
• Cuando han terminado,
  bajan lentamente los
  listones, sin deshacer la
  figura, y los colocan en
  el suelo.
• Comprueban que la
  figura esté formada
  correctamente; si no es
  así, la corrigen.

ELABORACIÓN
• Se cortan 20 listones
  de 40 cm cada uno y 20
  listones de 80 cm cada
  uno.
• Se decora la charola.
• Se colocan los listones
  sobre la charola.

Idea obtenida
de María Rosa Mira.

Figuras con palitos

El niño o niña construye
figuras con palitos.

OBJETIVO

Dar al niño o niña la oportunidad de hacer
sus propias figuras geométricas utilizando
un número determinado de palitos.

MOMENTO PARA DAR EL ESTÍMULO

Cuando conoce la forma y el nombre de algunas
figuras geométricas. Después de que ha hecho
los ejercicios de "Enredoso", Mg. 49; y "La mano
que adivina", Mg. 50.

MATERIALES

• 12 palillos o palitos de paleta.
• Un recipiente pequeño.
• Hojas blancas.
• Un lápiz.
• Equipo de trabajo de pintura.

**Si no tienes estos materiales, puedes buscar
otros que cumplan la misma función.**

PARTICIPANTES
Uno

TÉCNICA
ACCIÓN DIRIGIDA
- La educadora indica al niño los pasos de la actividad:
- Toma los 12 palitos y construye un triángulo, un cuadrado o un rectángulo, utilizando todos los palitos para cada figura.
- Construye así todas las figuras que pueda, empleando todas las combinaciones posibles.
- Si puede, cada vez que construya una figura, la dibuja en el papel, registrando cuántos palitos puso en cada lado.

VARIACIONES DE LA TÉCNICA
Más adelante puede variarse el número de palitos, usando más o menos; puede ser número par o impar, para que descubra qué figuras pueden formarse y cuáles no.

ELABORACIÓN
- Se decora el recipiente.
- Se lijan y barnizan los palitos.
- Se ponen los palitos dentro del recipiente.
- Las hojas blancas y los lápices pueden tomarse del lugar destinado para ellos dentro del salón.

VARIACIONES DEL MATERIAL
Puede incluirse diferente número de palitos.

Idea obtenida de Irma Fuenlabrada.

Los puntos mágicos
Los niños y niñas brincan
y forman figuras.

OBJETIVO
Dar a los niños y niñas la oportunidad de formar
figuras geométricas sin verlas.

MOMENTO PARA DAR EL ESTÍMULO
Cuando ya conocen bien el nombre y la forma de las
figuras geométricas básicas: el círculo, el triángulo, el
cuadrado y el rectángulo, y los han trazado de distintas
formas, como en los ejercicios de "Figuras con
estambre", Mg. 52; o "Figuras con el cuerpo", Mg. 53.

MATERIALES
• Un gis.

PARTICIPANTES
Ocho a veinte

TÉCNICA
ACCIÓN DIRIGIDA
- La educadora indica a los niños los pasos de la actividad:
- Se forman equipos de tres o cuatro niños.
- Se dibujan en el piso o en la tierra algunos puntos.
- Cada equipo elige una figura y se coloca el modelo.

- Los niños van pasando de uno en uno y brincan sobre algunos de los puntos, para formar la figura elegida previamente.
- Los que están observando dicen si la figura se formó correctamente.

Idea obtenida
de María Rosa Mira.

Los contornos

Los niños y niñas trazan el contorno de algunos objetos.

OBJETIVO

Dar a los niños y niñas la oportunidad de trazar el contorno de diversos objetos de uso cotidiano que se encuentren en el salón y de reconocer en ellos las figuras geométricas.

MOMENTO PARA DAR EL ESTÍMULO

Cuando conocen algunas figuras geométricas y tienen facilidad en el uso de instrumentos de escritura.

MATERIALES

- Objetos del salón.
- Hojas de papel.
- Lápices.

Si no tienes estos materiales, puedes buscar otros que cumplan la misma función.

PARTICIPANTES

Dos a cuatro

TÉCNICA

ACCIÓN DIRIGIDA

- La educadora indica a los niños los pasos de la actividad:
- Cada quien elige un objeto del salón, lo pone sobre una hoja de papel y con el lápiz traza su contorno.
- Al terminar, lo muestran al resto del equipo y dicen si en el trazo reconocen alguna figura geométrica.

**VARIACIONES
DE LA TÉCNICA**

También se puede jugar a adivinar qué objeto se utilizó para realizar el trazo.

Más adelante, cuando han hecho este ejercicio varias veces, pueden comenzar por elegir una figura geométrica; después, cada quien busca en el salón algún objeto que tenga esa forma y traza su contorno. En grupo observan los trazos y, si hay alguno que no corresponda a la figura elegida, el niño puede buscar otro objeto y trazar nuevamente su contorno.

**VARIACIONES
DEL MATERIAL**

El trazo se puede realizar también sobre la tierra, utilizando un palito, o sobre el piso, con un gis.

Idea obtenida
de María Rosa Mira.

133

¿A qué se parece?

Los niños y niñas dibujan objetos de uso cotidiano a partir de figuras geométricas.

OBJETIVO

Dar a los niños y niñas la oportunidad de encontrar semejanzas entre las figuras geométricas y los objetos de uso cotidiano.

MOMENTO PARA DAR EL ESTÍMULO

Cuando ya conocen y han trazado algunas figuras geométricas.

MATERIALES

- Hojas de papel.
- Colores.

Si no tienes estos materiales, puedes buscar otros que cumplan la misma función.

PARTICIPANTES
Dos a cuatro

TÉCNICA
ACCIÓN DIRIGIDA
- La educadora indica a los niños los pasos de la actividad:
- Uno de los niños dibuja una figura geométrica de su elección, por ejemplo, un cuadrado.
- Los otros dicen a qué objeto se parece, por ejemplo, a un libro.
- Alguno completa el dibujo.
- La actividad termina cuando todos han dibujado o antes si lo consideran conveniente.

VARIACIONES DEL MATERIAL
El trazo se puede realizar también sobre la tierra, utilizando un palito, o sobre el piso, con un gis.

Idea obtenida de María Rosa Mira.

El trazo de los números

El niño o niña sigue con el dedo el trazo de los numerales.

OBJETIVO

Dar al niño o niña la oportunidad de realizar el trazo de los numerales, facilitando su memorización.

MOMENTO PARA DAR EL ESTÍMULO

Cuando muestre interés por escribir los numerales.

MATERIALES

• Cartón grueso, de 35 x 60 cm, aproximadamente.
• Lija suave.
• Un recipiente mediano.
• Equipo de trabajo general y de pintura.

Si no tienes estos materiales, puedes buscar otros que cumplan la misma función.

PARTICIPANTES
Uno

TÉCNICA
PRESENTACIÓN

- La educadora invita al niño a llevar el material a la mesa.
- Eligen dos numerales, por ejemplo, el 3 y el 5, y colocan el recipiente con el resto de los numerales a un lado.
- La educadora pone uno de los numerales elegidos sobre la mesa, por ejemplo, el 3.
- Con los dedos índice y medio, sigue lentamente el trazo del número, comenzando en el lugar indicado por la flecha.
- Al terminar el trazo, dice el nombre: "Tres".

- Repite nuevamente el trazo y el nombre del numeral.
- Invita al niño a hacer lo mismo.
- Hacen lo mismo con el siguiente numeral, el 5.

- Cuando han terminado, hacen el *juego del nombre* (ver "Técnicas para el trabajo…", p. 13).

VARIACIONES DE LA TÉCNICA

Para mostrar los siguientes numerales, se utiliza la misma técnica, mostrando uno conocido y uno nuevo. Cuando ha practicado el trazo, puede escribirlos sobre el pizarrón o el papel.

ELABORACIÓN

- Se corta el cartón en 10 trozos de 12 x 16 cm, aproximadamente.
- Se pintan con pintura de color claro.
- Se marca un renglón en

la parte inferior de cada uno de los cartones.

- Sobre el revés de la lija, se marcan los numerales del 0 al 9, como se verían en un espejo, de manera que al voltear la lija queden al derecho.
- Se cortan los numerales y se pegan en el cartón, justo sobre el renglón.
- Se marca un punto de color en el lugar donde se inicia el trazo de cada uno y una flecha que indica el sentido del mismo.
- Se decora el recipiente.
- Se colocan los numerales dentro del recipiente.

Idea obtenida del Sistema Montessori.

¿Cómo se escribe?

Los niños y niñas cuentan objetos y escriben el numeral.

OBJETIVO

Dar a los niños y niñas la oportunidad de recordar la escritura de los numerales y ensayar sus propias producciones, para luego compararlas con el modelo.

MOMENTO PARA DAR EL ESTÍMULO

Cuando cuentan con facilidad y comienzan a escribir algunos numerales; después de que han hecho el ejercicio "El trazo de los números", Mg. 59.

MATERIALES

- 10 tarjetas de cartulina o cartoncillo, de 10 x 12 cm, aproximadamente.
- Papel blanco, de 5 x 6 cm, aproximadamente.
- Tres lápices.
- Una goma.
- Un recipiente mediano.
- Una charola mediana.
- Dos charolas pequeñas.
- Tres protectores de cartón o plástico.
- Equipo de trabajo general y de pintura.

Tres

Si no tienes estos materiales, puedes buscar otros que cumplan la misma función.

PARTICIPANTES
Dos o tres

TÉCNICA
ACCIÓN DIRIGIDA
- La educadora indica a los niños los pasos de la actividad.
- Colocan los protectores sobre el tapete.
- Toman las tarjetas y las colocan en una pila, con la cara que contiene los dibujos hacia el frente.
- Toman la primera tarjeta, cuentan los objetos y cada uno escribe el numeral que corresponde sobre uno de los papeles.
- Confrontan sus producciones.
- Voltean la tarjeta y comprueban si escribieron correctamente el numeral; si es así, continúan con la siguiente tarjeta; si no, lo corrigen antes de continuar. La actividad termina cuando los niños así lo deciden.

VARIACIONES DE LA TÉCNICA
Uno de los niños puede contar los objetos y *dictarle* a los otros la cantidad. Cuando ya hacen números compuestos, se puede aumentar el número de tarjetas, hasta 20.

ELABORACIÓN
- Sobre el frente de cada una de las tarjetas, se dibujan uno, dos, tres o más objetos.
- Por el reverso, se marca un renglón y se escribe el numeral que corresponde a la cantidad de objetos dibujados.
- Se marca un renglón a cada uno de los papeles blancos.
- Se decoran las charolas y el recipiente.
- Se colocan las hojas blancas en una charola pequeña, las tarjetas en la otra, los lápices en el recipiente y se pone todo sobre la charola mediana.

Idea obtenida de Irma Fuenlabrada.

La numeración continua

El niño o niña escribe la numeración continua.

OBJETIVO

Dar al niño o niña la oportunidad de escribir la numeración de forma continua hasta un número determinado, en un ejercicio que puede durar varios días.

Si no tienes estos materiales, puedes buscar otros que cumplan la misma función.

MOMENTO PARA DAR EL ESTÍMULO

Cuando ya escribe los números del 0 al 9 y ha hecho los ejercicios "Tablero del 100", Mg. 25; y "Formación de números compuestos", Mg. 35.

MATERIALES

- Papel blanco tamaño carta.
- Lápiz.
- Goma.
- Pegamento blanco.
- Un protector de cartón o plástico.
- Un recipiente mediano.
- Varias charolas pequeñas (una por cada niño que esté realizando el ejercicio).
- Una charola grande.
- *Clips* medianos.
- Equipo de trabajo general y de pintura.

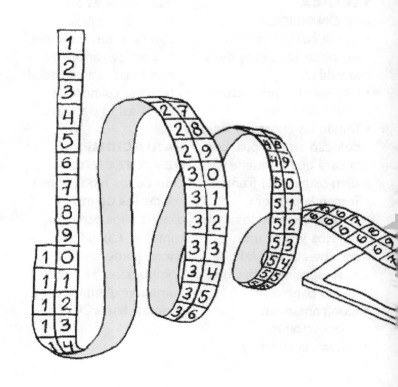

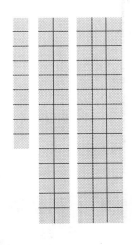

PARTICIPANTES
Uno

TÉCNICA
ACCIÓN DIRIGIDA
• La educadora indica al niño los pasos de la actividad:
• Lleva a la mesa el protector, una tira de papel, un lápiz y una goma.
• Escribe en cada cuadro un número, empezando por el uno.
• Cuando se le termina la tira, puede pegar otra sobre el último cuadro y continuar escribiendo la numeración.

• Cuando el niño decide terminar el ejercicio, enrolla su tira, le pone un *clip* y la guarda en una de las charolas pequeñas, para continuar escribiendo otro día.
• Puede llevarse la tira a su casa cuando ha logrado llegar a un número determinado, por ejemplo, el 10, el 20 o el 100.

ELABORACIÓN
• Se marcan cuadros de 2 x 2 cm sobre el papel blanco.
• Se corta parte del papel en tiras de 1 x 9 cuadros; otra parte en tiras de 2 x 14 cuadros; y otra parte en tiras de 3 x 14 cuadros.
• Se decoran el recipiente y las charolas.
• Se coloca todo sobre la charola grande.

Idea obtenida del Sistema Montessori.

El Banco

50 unidades, 50 decenas, 50 cientos, 10 miles, dos juegos de tarjetas, todo sobre sus charolas.

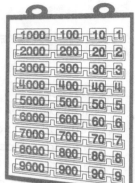

MATERIALES

- 15 550 cuentas de color dorado (o de algún otro color en un tono muy suave).
- 148 m, aproximadamente, de alambre galvanizado del número 18.
- Seis carretes (150 m) de alambre de cobre del número 28.
- Cartón grueso de 70 x 95 cm, aproximadamente.
- Un metro de mica adherente transparente.
- Tela gruesa de color liso, de 42 x 50 cm, aproximadamente.
- Plástico grueso transparente, de 40 x 25 cm, aproximadamente.
- Cuatro charolas grandes.
- 9 charolas pequeñas.
- Pinzas para engarzar.
- Equipo de trabajo general, de carpintería, de costura y de pintura.

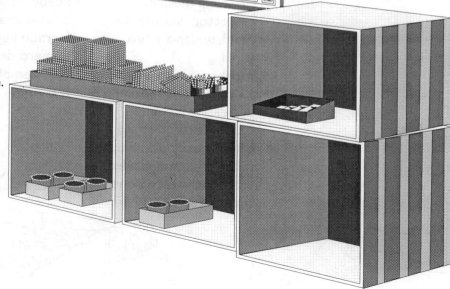

ELABORACIÓN

Para hacer las unidades:
- Se cortan 50 trozos de alambre galvanizado de 3,2 cm de largo.
- Se dobla uno de los extremos de cada trozo de alambre, utilizando las pinzas para engarzar.
- Se ensarta una cuenta y se dobla el otro extremo con las pinzas para engarzar.
- Se hacen 50 unidades.

Para hacer las decenas:
- Se cortan 1 550 trozos de alambre galvanizado de 9 cm de largo.
- Se dobla uno de los extremos de cada trozo de alambre, utilizando las pinzas para engarzar.
- Se ensartan 10 cuentas y se dobla el otro extremo con las pinzas para engarzar.
- Se hacen 1 550 decenas.

Para hacer los cientos:
- Se cortan 450 trozos de alambre de cobre de 30 cm de largo.
- Se amarran 10 decenas para formar un ciento de la siguiente manera: Se doblan por la mitad tres trozos de alambre de cobre y se coloca uno entre la primera y la segunda cuentas, el otro entre la quinta y la sexta cuentas, y el último entre la novena y la décima cuentas.
- Se tuerce cada uno de los tres alambres, dándoles tres vueltas a cada uno.
- Se amarran entre sí

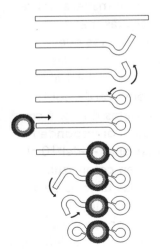

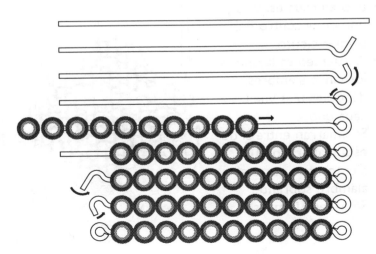

de esta manera las diez decenas y se corta el alambre sobrante.

• Se hacen 150 cientos.

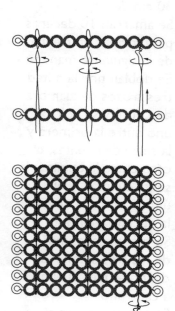

Para hacer los miles:

• Se cortan 50 trozos de alambre de cobre de 40 cm de largo.

• Se amarran 10 cientos para formar un mil de la siguiente manera: Se doblan por la mitad cinco trozos de alambre de cobre y se coloca uno en cada esquina y uno en el centro del primer ciento.

• Se tuercen cada uno de los cinco alambres, dándoles tres vueltas a cada uno.

• Se amarran entre sí de esta manera los 10 cientos y se corta el alambre sobrante.

• Se hacen 10 miles.

Para hacer las tarjetas:

• Se cortan 18 tarjetas de 3 x 4 cm, 18 de 6 x 4 cm, 18 de 9 x 4 cm y 18 de 12 x 4 cm.

• Se marca un renglón en la parte inferior de cada tarjeta.

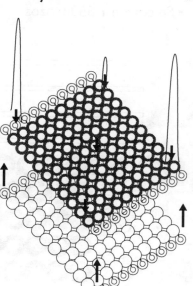

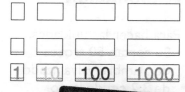

• Se escriben dos veces los numerales de la siguiente manera: sobre las tarjetas más pequeñas, los que corresponden a las unidades —del 1 al 9—, en color verde; sobre las tarjetas de 6 x 4 cm, los que corresponden a las decenas —del 10 al 90—, en color azul; sobre las tarjetas de 9 x 4 cm, los que corresponden a los cientos —100 al 900—, en color rojo; sobre las tarjetas de 12 x 4 cm, los que corresponden a los miles —del 1 000 al 9 000—, en color verde.

- Se cubre cada tarjeta con la mica transparente.

Para hacer el portanumerales:

- Se hace un dobladillo de un cm alrededor de toda la tela.
- Se acomodan las tarjetas sobre la tela —las unidades en hilera vertical a la derecha; en seguida, las decenas; después, los cientos; y más a la izquierda, los miles—, y se marca el lugar que le corresponde a cada una.
- Se corta el plástico en

nueve tiras de 40 x 2,5 cm.

- Cada tira se cose sobre la tela, siguiendo el contorno marcado de las tarjetas.

- Se decoran las charolas.
- Se colocan las decenas en una charola pequeña y las unidades en otra.
- Se colocan los miles, los cientos, las decenas y las unidades sobre una charola grande.
- Se colocan dos charolas pequeñas en cada una de las tres charolas grandes restantes.
- Se coloca uno de los juegos de tarjetas en el portanumerales de tela y el otro en una charola pequeña.

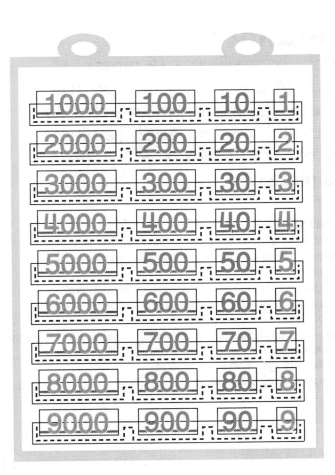

El muñeco

Moldes para piernas (4 piezas ①);
brazos (4 piezas ②); cuerpo, frente
(2 piezas ③); cuerpo, laterales (2
piezas ④); cuerpo, atrás (2 piezas
⑤); cabeza (2 piezas ⑥); cabeza
(una pieza ⑦).

MATERIALES

* 1 metro de tela lisa color beige o café claro (de 60 o 70 cm
  de ancho). Puede ser de algodón, *cabeza de indio*, semilino,
  etcétera.
* ³/₄ de kilo de borra o algún otro material para rellenar.
* 30 gramos de estambre café o negro, para bordar el cabello.
* Hilo de bordar para los ojos, nariz y boca.
* Equipo de trabajo de costura (hilo, agujas, tijeras, alfileres, cinta
  métrica, etcétera).
* Papel delgado para cortar los moldes.
* Fotocopias de los patrones.

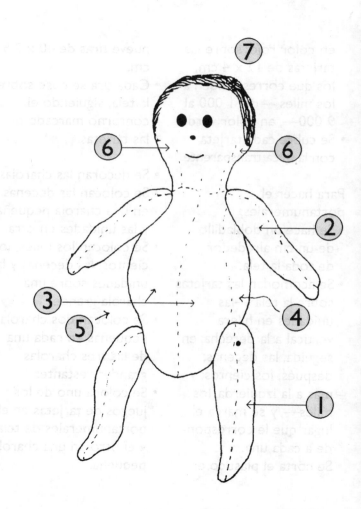

ELABORACIÓN

- Se fotocopian las páginas de los patrones, ampliando a 150 % las partes.
- Se dobla la tela al hilo, es decir, a lo largo de la tela.
- Se colocan al hilo las piezas que van dobles (1, 2, 3, 4 y 6) y se cortan.
- Se desdobla la tela y se colocan al hilo las piezas que van sencillas (5 y 7), y se cortan.
- Se unen por el lado A las dos piezas cortadas con el molde 3 (éstas serán el frente del cuerpo).

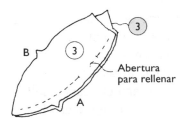

- Se unen las piezas cortadas con el molde 4 a las del molde 3 por el lado B (éstas serán las partes laterales del cuerpo).
- Se une la pieza cortada

con el molde 5 a las piezas del molde 4 por el lado CD (ésta será la parte de atrás del cuerpo).
- La parte de abajo del molde 5 no termina en punta; se unirá con las cuatro puntas de las piezas cortadas con los moldes 3 y 4.
- Se unen las piezas de la cabeza, 6 y 7, empezando de F a E y después de G a E.

- Se hace lo mismo con la otra pieza del molde 6 (éstas quedarán como las partes laterales de la cabeza).
- Se hace la pinza para la barbilla como está marcada en el molde 7.
- Para unir la cabeza al cuerpo, primero se voltea la cabeza, ya cosida, hacia el derecho.
- Se introduce la cabeza dentro del cuerpo (que está todavía por el

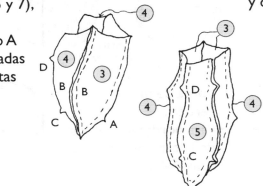

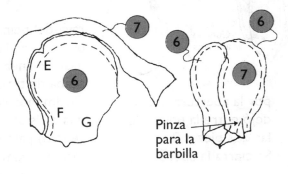

Pinza para la barbilla

revés) y se cose alrededor, cuidando que la pinza quede exactamente sobre la costura que une los dos moldes 3.
- Se voltea el muñeco al derecho.
- Se rellena el muñeco

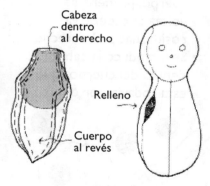

Cabeza dentro al derecho

Relleno

Cuerpo al revés

por la abertura que se dejó entre la unión de las dos piezas 3.
- Se cierra la abertura por

donde se rellenó.
- Para bordar el cabello, primero se marca con lápiz el límite del pelo.
- Después, se marca una división de lado a lado, de oreja a oreja, según el dibujo.
- En seguida, se marca la

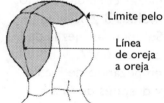

Límite pelo

Línea de oreja a oreja

raya del peinado, desde el límite de la frente hasta la línea que se acaba de trazar.
- Finalmente, se marca una división atrás (en el centro) para que dé forma al remolino.

- Todo el cabello se borda con punto atrás, empezando del frente hacia atrás, llenando primero el cuarto de la cabeza que indica el dibujo.
- Se borda el otro lado de adelante hacia atrás.
- La parte posterior se

Raya del peinado

Sentido del peinado

Cuarto de cabeza

borda de manera vertical.
- Para bordar los rasgos de la cara, primero se marca el lugar donde

irán los ojos, la nariz y la boca.
- Se bordan los ojos con hilo negro, rellenándolos verticalmente, y al final se borda la orilla con punto atrás.
- Para la nariz, se borda un círculo muy pequeño en color café.

- Para la boca, se borda una línea curva en color rojo.
- Se unen los moldes de los brazos (molde 2) y las piernas (molde 1).
- Se voltean hacia el derecho y se rellenan.
- Para unir las piernas y brazos al cuerpo, se

pasa la aguja con hilo cáñamo por el brazo, traspasándolo y luego regresando la aguja por el brazo hacia el cuerpo.
- Después se pasa la aguja por el cuerpo, traspasándolo para unir el otro brazo.
- Se vuelve a traspasar el

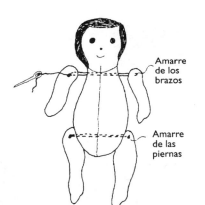

Amarre de los brazos

Amarre de las piernas

cuerpo en sentido contrario, para que queden unidos los dos brazos; se jala del hilo con fuerza y se amarra perfectamente con las piernas.

PATRONES

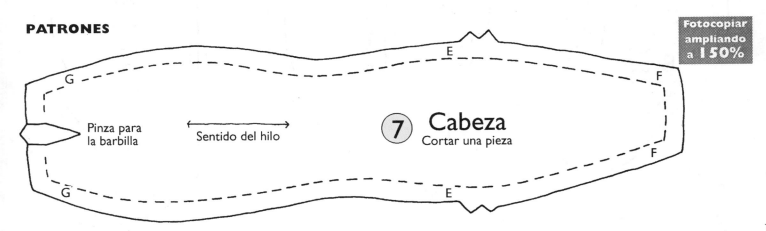

Fotocopiar ampliando a 150%

G

E

F

Pinza para la barbilla

← Sentido del hilo →

7 **Cabeza**
Cortar una pieza

F

G

E

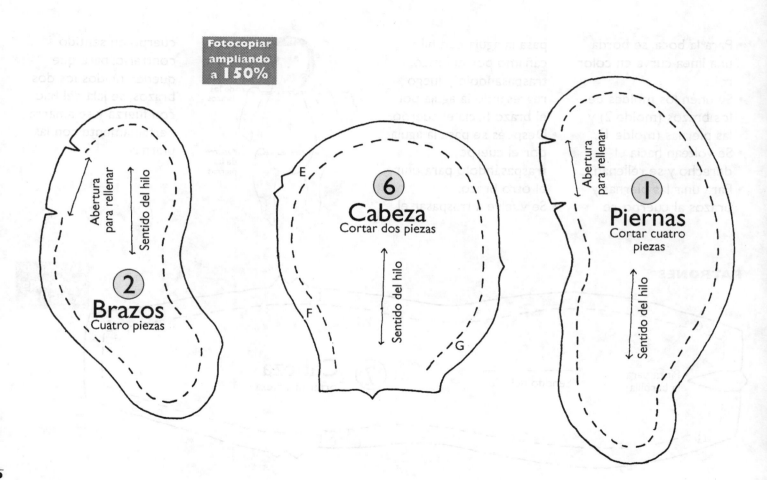

Fotocopiar ampliando a 150%

2
Brazos
Cuatro piezas

Abertura para rellenar

Sentido del hilo

E

6
Cabeza
Cortar dos piezas

Sentido del hilo

F

G

1
Piernas
Cortar cuatro piezas

Abertura para rellenar

Sentido del hilo

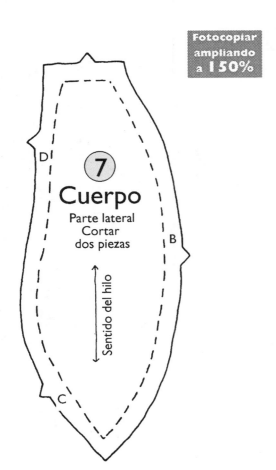

Fotocopiar ampliando a 150%

7

Cuerpo

Parte lateral
Cortar
dos piezas

Sentido del hilo

D

B

C

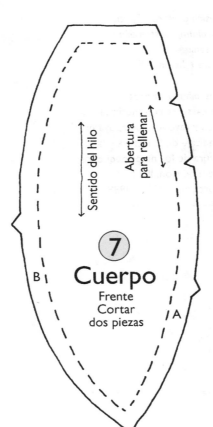

Sentido del hilo

Abertura para rellenar

7

Cuerpo

Frente
Cortar
dos piezas

B

A

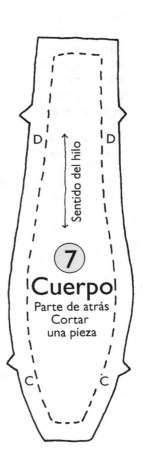

D   D

Sentido del hilo

7

Cuerpo

Parte de atrás
Cortar
una pieza

C   C

OTRAS PUBLICACIONES DE ESTA SERIE

"Juegos, Juguetes
y Estímulos Creativos"
Serie de manuales que contienen
ideas y sugerencias para
educadoras y padres
en su trabajo con niños
de dos a seis años

Coordinación fina
Primera edición, 1986

Coordinación gruesa y equilibrio
Primera edición, 1987

*Expresión artística / Ejercicios
de gráfica y pintura*
Primera edición, 1987

*Expresión artística / Ejercicios
de escultura, construcción
y artesanía*
Primera edición, 1989

Cantos, niños y rayones
Libro-cassette con música, letras,
dibujos y rayones que apoya el
aprendizaje de la lectura y la
escritura de los niños pequeños;
primera edición, 1983;
reimpresiones, 1987 y 1988

JUEGOS, JUGUETES
Y ESTÍMULOS CREATIVOS
SEGUNDA REIMPRESIÓN
SEPTIEMBRE 1999
IMPRESIÓN Y ENCUADERNACIÓN:
QUEBECOR IMPREANDES
SANTA FE DE BOGOTÁ
COLOMBIA